# Welche Früchte Maibaum

# Die versteckte Macht der Medien

## Medien

written by Rudolf Praschinger

Stell dir einen Maibaum vor, wie er stolz im Herzen eines Dorfes steht – ein Symbol für Gemeinschaft, Kultur und Zusammenhalt. Seine bunten Bänder flattern im Wind, und er verspricht Freude und Harmonie. Doch bei genauerem Hinsehen trägt dieser Maibaum Früchte, die wir ernten: Manche sind leuchtend und verlockend, andere verwelkt und bitter. So ist es auch mit den Medien, die unsere moderne Gesellschaft prägen. Sie stehen im Zentrum unseres Lebens, verbinden uns, informieren uns – aber was ernten wir wirklich aus ihrem Einfluss? Wissen, Ablenkung oder Manipulation?

In diesem Buch untersuchen wir, wie Medien unsere Wahrnehmung, unser Denken und unsere Gesellschaft formen. Der Maibaum wird zur Metapher für die Medienlandschaft: Seine Wurzeln reichen tief in unseren Wunsch nach Information und Unterhaltung, doch die Früchte, die er trägt, sind oft zweischneidig. Während einige uns bereichern, führen andere zu Vereinfachung, Spaltung oder gar Desinformation. „Welche Früchte trägt ein Maibaum?" fragen wir – und laden dich ein, mit uns die Ernte zu prüfen und zu verstehen, wie uns die Medien verändern.

Entdecken Sie die unsichtbaren Kräfte, die unsere Gedanken und Entscheidungen lenken! In „Welche Früchte trägt ein Maibaum? Die versteckte Macht der Medien" enthüllt die faszinierende und oft unterschätzte Rolle der Medien in unserer Gesellschaft. Mit scharfsinnigen Analysen und packenden Beispielen zeigt das Buch, wie Medien unsere Wahrnehmung formen, Trends setzen und sogar Werte verändern.

Ob Sie Medienprofi, neugieriger Leser oder kritischer Geist sind – dieses Buch ist ein Augenöffner, der Sie die Welt mit neuen Augen sehen lässt. Tauchen Sie ein in die versteckte Macht der Medien und entdecken Sie, welche Früchte der „Maibaum" unserer Zeit wirklich trägt!

# Inhalt

Im Herzen vieler europäischer Dörfer und Städte steht er: der Maibaum. Ein hoch aufragender Pfahl, geschmückt mit bunten Bändern und Girlanden, symbolisiert er Freude, Gemeinschaft und den Beginn des Frühlings. Seit Jahrhunderten ist der Maibaum ein zentrales Element der Maifeierlichkeiten, bei denen Menschen tanzen, feiern und die Rückkehr der warmen Jahreszeit begrüßen. Doch was hat der Maibaum mit den Medien zu tun? Auf den ersten Blick scheint es keinen Zusammenhang zu geben. Der Maibaum ist ein altes Symbol, während die Medien ein modernes Phänomen sind. Dennoch, wenn wir tiefer blicken, entdecken wir Parallelen, die uns helfen, die versteckte Macht der Medien zu verstehen.

Der Maibaum als Symbol

Der Maibaum ist mehr als nur ein Dekorationsobjekt. Seine Wurzeln reichen tief in die Geschichte und Kultur. Historisch gesehen wurde der Maibaum erstmals im 14. Jahrhundert in Wales erwähnt, wo er als „tall birch tree" beschrieben wurde, um den sich Festivitäten abspielten (siehe Customs Uncovered: The Maypole - Tradfolk). In vielen Kulturen symbolisiert er Fruchtbarkeit, Wachstum und die Verbindung zwischen Mensch und Natur. Einige Historiker sehen in ihm auch einen Bezug zu antiken römischen Frühlingsfesten wie Floralia, bei denen Bäume mit Girlanden geschmückt wurden (siehe History of the Maypole Dance - Learn Religions). Doch die genaue Bedeutung des Maibaums bleibt umstritten. Während einige ihn als phallisches Symbol interpretieren, sehen andere darin ein Zeichen für die Weltachse oder einfach nur eine Freude über die Rückkehr des Frühlings (siehe Maypole - Wikipedia).

Der Maibaum war ein zentraler Punkt in der Gemeinschaft, um den sich das Dorfleben drehte. Er war ein Ort der Zusammenkunft, des Feierns und der kulturellen Ausdrucksformen, wie auf Celebrating spring with the maypole - Recollections Blog beschrieben, wo erwähnt wird, dass Maypoles in Deutschland oft in Parks und auf Dorfplätzen aufgestellt wurden. Die Tradition umfasste Tänze, bei denen Teilnehmer Bänder um den Pfahl webten, was als Symbol für die Verlängerung der Tage im Sommer gesehen wird (siehe The Maypole - what does it mean and what does it signify? - Oakhouse Foods Blog).

Der Maibaum und die Medien

Nun stellen wir uns die Frage: Wie kann der Maibaum ein Symbol für die Medien sein? Betrachten wir die Rolle des Maibaums in der Gemeinschaft, so war er stets ein zentraler Punkt, um den sich das Dorfleben drehte. Er war ein Ort der Zusammenkunft, des Feierns und der kulturellen Ausdrucksformen. Ähnlich sind die Medien in unserem modernen Leben allgegenwärtig und unverzichtbar. Sie liefern uns Informationen, Unterhaltung und ermöglichen Verbindungen über große Entfernungen hinweg. Doch genau wie der Maibaum mehr ist als nur ein schöner Anblick, so haben auch die Medien eine verborgene Seite. Hinter den bunten Fassaden der Medienwelt lauern Mechanismen, die unsere Wahrnehmung formen, unsere Meinungen beeinflussen und unsere Gesellschaft prägen – oft ohne dass wir es merken.

Die Medien sind wie ein Maibaum, der nicht nur Freude und Gemeinschaft bringt, sondern auch Früchte trägt, die nicht immer nahrhaft sind. Diese „Früchte" können süß und verlockend sein, wie die Unterhaltung und das Wissen, das wir erwerben. Doch sie können auch bitter und giftig sein, wie Desinformation, Manipulation oder die Förderung von Vorurteilen. Die versteckte Macht der Medien liegt darin, dass sie nicht nur informieren, sondern auch formen – sie formen unsere Realität, unsere Gedanken und unser Verhalten. Dieses Buch wird diese verborgenen Mechanismen untersuchen und aufzeigen, wie sie unsere Wahrnehmung und unsere Gesellschaft beeinflussen.

Zweck des Buches

Das Ziel dieses Buches ist es, Sie als Leser aufzuklären. Wir wollen Ihnen die Augen öffnen für die versteckte Macht der Medien und Ihnen helfen, die „Früchte" des Medienkonsums zu erkennen und zu bewerten. Dabei werden wir nicht nur die negativen Aspekte beleuchten, sondern auch Wege aufzeigen, wie Sie Ihren Medienkonsum bewusster gestalten können. Der Maibaum dient uns als Metapher, um diese Reise durch die Medienwelt zu strukturieren. Jeder Aspekt des Maibaums – von den Wurzeln bis zu den Früchten – wird uns helfen, die verschiedenen Facetten der Medien zu verstehen.

In den folgenden Kapiteln werden wir tiefer in diese Themen eintauchen. Wir werden untersuchen, wie die Medien unsere Wahrnehmung formen, wie sie Strukturen und Plattformen nutzen, um Einfluss zu nehmen, und welche gesellschaftlichen Folgen daraus entstehen. Doch bevor wir uns auf diese Reise begeben, lassen Sie uns noch einen Moment beim Maibaum verweilen. Denn genau wie der Maibaum ein Symbol für Gemeinschaft und Zusammenhalt ist, so können die Medien, wenn sie verantwortungsvoll genutzt werden, eine Kraft sein, die uns verbindet und bereichert. Um dies zu erreichen, müssen wir jedoch die versteckte Macht der Medien erkennen und lernen, sie kritisch zu hinterfragen.

Kapitel 2 legt den Grundstein für die Untersuchung der versteckten Macht der Medien,

indem es das menschliche Bedürfnis nach Information als zentrale Wurzel betrachtet. Der Maibaum, wie im vorherigen Kapitel eingeführt, symbolisiert die Medienlandschaft, und seine „Wurzeln" stehen für die grundlegenden menschlichen Antriebe, die Medien ausnutzen. Dieses Kapitel zielt darauf ab, zu erklären, warum

Menschen Informationen suchen, wie Medien dieses Bedürfnis manipulieren und welche Konsequenzen dies für die kritische Reflexion hat. Es bereitet den Leser darauf vor, in den folgenden Kapiteln spezifische Mechanismen und Auswirkungen zu erkunden.

## Das menschliche Bedürfnis nach Information

Das Bedürfnis nach Information ist ein grundlegendes psychologisches und evolutionäres Merkmal des Menschen. Es ist eng mit anderen Grundbedürfnissen wie Sicherheit, Orientierung und Selbstwertgefühl verknüpft. Psychologen wie Abraham Maslow haben dieses Bedürfnis in ihre Theorien integriert, etwa in der Bedürfnispyramide, wo das Streben nach Wissen und Verständnis als höheres Bedürfnis nach Selbstverwirklichung angesehen wird (Grundbedürfnisse des Menschen – Was braucht der Mensch?). Maslow kategorisierte menschliche Bedürfnisse in physiologische, Sicherheits-, soziale, Anerkennungs- und Selbstverwirklichungsbedürfnisse, wobei das Bedürfnis nach Information in die höheren Stufen fällt, insbesondere in die Selbstverwirklichung, die das Streben nach Wissen und persönlichem Wachstum umfasst.

Andere Wissenschaftler, wie Kurt Lewin und Henry Murray, haben ebenfalls betont, dass Menschen ein angeborenes Bedürfnis nach Orientierung und Kontrolle haben, das durch das Verstehen der Welt befriedigt wird (Bedürfnis – Dorsch - Lexikon der Psychologie). Murray identifizierte spezifische Bedürfnisse wie das Bedürfnis nach Verständnis („Understanding") und das Bedürfnis nach Erkenntnis („Cognizance"), die direkt mit dem Informationsbedürfnis zusammenhängen. Diese Bedürfnisse sind evolutionär bedingt, da sie uns helfen, Überleben und Wohlbefinden zu sichern, etwa durch das Erkennen von Gefahren oder das Finden von Ressourcen.

In der heutigen Gesellschaft ist dieses Bedürfnis stärker denn je. Wir leben in einer komplexen Welt, in der globale Ereignisse, technologische Fortschritte und soziale Veränderungen unser Leben beeinflussen. Informationen zu sammeln und zu verarbeiten ist daher nicht nur ein Überlebensmechanismus, sondern auch eine Art, Sinn zu schaffen und sich in einer zunehmend vernetzten Welt zurechtzufinden. Dies wird durch Artikel wie <u>Was brauchen Sie? Den menschlichen Bedürfnissen auf der Spur</u> unterstützt, die betonen, dass das Bedürfnis nach Wachstum und Orientierung ein zentraler Antrieb ist.

Wie Medien dieses Bedürfnis ausnutzen

Medien sind die Hauptquelle für Informationen in der modernen Gesellschaft, und sie haben gelernt, unser Bedürfnis nach Information effektiv zu nutzen – oft auf Weise, die nicht unbedingt unserem Wohl dienen. Hier sind einige Schlüsselstrategien, wie Medien dieses Bedürfnis ausnutzen, basierend auf der Recherche:

Sensationalismus:
Medien nutzen oft Sensationalismus, um Aufmerksamkeit zu erregen. Dramatische Schlagzeilen, emotionale Bilder und überzogene Darstellungen von Ereignissen ziehen Leser und Zuschauer an, indem sie Neugier und Sensationslust ansprechen. Doch diese Art der Berichterstattung kann dazu führen, dass wichtige Kontexte und Nuancen verloren gehen. Stattdessen wird die Aufmerksamkeit auf das Spektakuläre gelenkt, was unser Bedürfnis nach Information mit Unterhaltung und Sensationslust vermischt. Ein Beispiel ist die Berichterstattung über Kriminalfälle oder Katastrophen, bei denen die Sensationslust der Öffentlichkeit oft über die Notwendigkeit einer ausgewogenen und informativen Darstellung gestellt wird, wie in <u>Sensationalismus in deutschen Massenmedien</u> beschrieben. Sensationalismus wird als Strategie genutzt, um Auflagen und Reichweiten zu steigern, was jedoch die Qualität der Information mindert.

Filterblasen:
Soziale Medien und personalisierte Algorithmen schaffen sogenannte Filterblasen, in denen Nutzer vorwiegend Inhalte zu sehen

bekommen, die ihren bestehenden Meinungen und Interessen entsprechen. Diese personalisierte Informationsumgebung kann zwar das Gefühl erzeugen, gut informiert zu sein, reduziert jedoch die Exposition gegenüber abweichenden Meinungen und Perspektiven. Dadurch wird das kritische Denken eingeschränkt, da Nutzer weniger dazu angeregt werden, ihre eigenen Ansichten zu hinterfragen oder alternative Standpunkte zu betrachten. Studien zeigen, dass Algorithmen von Plattformen wie Facebook oder YouTube dazu neigen, Inhalte zu priorisieren, die Engagement generieren, was oft zu einer Bestätigung bestehender Überzeugungen führt, wie in Filterblasen: Wenn man nur das gezeigt bekommt, was man eh schon kennt | Landesmedienzentrum Baden-Württemberg beschrieben. Filterblasen können dazu führen, dass Nutzer in einer „Echokammer" gefangen sind, was die Vielfalt der Informationen einschränkt.

Informationsüberflutung:
Die Flut von Informationen, die durch moderne Medien verfügbar ist, kann überwältigend sein. Jeden Tag werden wir mit einer schier endlosen Menge an Nachrichten, Artikeln, Videos und Social-Media-Beiträgen konfrontiert. Diese Informationsüberflutung kann dazu führen, dass wir Schwierigkeiten haben, relevante von irrelevanter Information zu unterscheiden, was unser Bedürfnis nach klarer Orientierung frustriert. Statt uns zu helfen, die Welt besser zu verstehen, kann diese Überflutung zu Stress, Verwirrung und sogar zur Vermeidung von Informationen führen. Einige Nutzer reagieren darauf, indem sie sich von bestimmten Medien zurückziehen, was wiederum ihre Informiertheit weiter einschränken kann, wie in Die Folgen der Informationsflut - upgrade 1.21 - Universität für Weiterbildung Krems dargestellt. Die digitale Informationsflut kann das Gehirn überfordern und die Fähigkeit zur kritischen Verarbeitung beeinträchtigen.

Clickbait und emotionale Ansprache:
Viele Medien nutzen Techniken wie Clickbait – aufmerksamkeitsstarke Überschriften, die oft nicht den Inhalt des

Artikels widerspiegeln – um Nutzer anzuziehen. Diese Strategien spielen mit unserem Bedürfnis nach schnellen, leicht verdaulichen Informationen und emotionaler Stimulation. Gleichzeitig werden Emotionen wie Angst, Wut oder Neugier gezielt angesteuert, um die Aufmerksamkeit zu fesseln. Dies kann jedoch dazu führen, dass wir uns mehr auf die emotionale Wirkung konzentrieren als auf den tatsächlichen Inhalt, was die kritische Reflexion weiter behindert, wie in Wie Medien genutzt werden und was sie bewirken | Massenmedien | bpb.de beschrieben.

Auswirkungen auf die kritische Reflexion

Die Art und Weise, wie Medien unser Bedürfnis nach Information ausnutzen, hat erhebliche Auswirkungen auf unsere Fähigkeit zur kritischen Reflexion. Statt uns zu einem tieferen Verständnis der Welt zu verhelfen, können Medien uns in eine passive Konsumhaltung drängen, bei der wir Informationen oberflächlich aufnehmen, ohne sie zu hinterfragen. Hier sind einige zentrale Auswirkungen:

Bestätigung bestehender Meinungen:
Durch Filterblasen und personalisierte Inhalte werden wir oft nur mit Informationen konfrontiert, die unsere bestehenden Überzeugungen bestätigen. Dies kann zu einem Echo-Effekt führen, bei dem wir weniger dazu neigen, alternative Perspektiven zu berücksichtigen oder unsere eigenen Ansichten zu überdenken, wie in Von Algorithmen gesteuert: Filterblasen in sozialen Netzwerken | NDR.de - Nachrichten - Netzwelt beschrieben.

Emotionale Überladung:
Sensationalismus und emotionale Ansprache können dazu führen, dass wir uns mehr auf unsere Gefühle konzentrieren als auf rationale Argumente. Dies erschwert es, objektiv zu denken und fundierte Meinungen zu bilden, wie in Sensationalismus und Manipulation statt objektiver Information - mediale Berichterstattung über Gerichtsverfahren | Heinrich Böll Stiftung ... dargestellt.

## Oberflächliche Informiertheit:

Die Informationsüberflutung und der Fokus auf kurze, prägnante Inhalte (wie Tweets oder TikTok-Videos) können dazu führen, dass wir uns informiert fühlen, ohne tatsächlich ein tieferes Verständnis der Themen zu erlangen. Dies führt zu einer oberflächlichen Informiertheit, die nicht zur kritischen Reflexion anregt, wie in Wie schädlich ist die digitale Informationsflut? - Experten warnen vor Überforderung unseres Gehirns und der Gesellschaften - scinexx.de betont.

## Passivität und Desinteresse:

Die ständige Reizüberflutung kann dazu führen, dass wir uns von bestimmten Themen oder Medien zurückziehen, um der Überforderung zu entgehen. Dies kann jedoch dazu führen, dass wir weniger informiert sind und weniger dazu beitragen, gesellschaftliche Diskurse zu gestalten, wie in Abwendung von sozialen Medien - Informationsflut überfordert jüngere Menschen beschrieben.

## Schlussfolgerung

Unser Bedürfnis nach Information ist ein zentraler Aspekt der menschlichen Natur, der uns hilft, die Welt zu verstehen und uns in ihr zurechtzufinden. Doch in der heutigen Medienlandschaft wird dieses Bedürfnis oft ausgenutzt, um unsere Aufmerksamkeit zu gewinnen und zu halten. Sensationalismus, Filterblasen und Informationsüberflutung sind nur einige der Strategien, mit denen Medien unser Streben nach Wissen manipulieren. Diese Praktiken können dazu führen, dass wir weniger kritisch denken und stattdessen in einer Welt aus Bestätigung und emotionaler Stimulation gefangen sind.

Es ist daher entscheidend, sich der Weise bewusst zu sein, wie Medien unser Bedürfnis nach Information nutzen. Kritische Medienkompetenz – die Fähigkeit, Quellen zu bewerten, Inhalte zu hinterfragen und eine ausgewogene Perspektive zu suchen – ist essenziell, um diese Manipulationen zu durchschauen und eine fundierte Meinung zu bilden. In den folgenden Kapiteln werden wir tiefer in die spezifischen Mechanismen eintauchen, wie Medien unsere Wahrnehmung und unser Verhalten formen, und Wege aufzeigen, wie wir uns gegen diese Manipulationen wappnen können.

Tabelle: Strategien der Medien und ihre Auswirkungen

| Strategie | Beschreibung | Auswirkung auf kritische Reflexion |
|---|---|---|
| Sensationalismus | Dramatische Darstellung von Nachrichten, um Aufmerksamkeit zu gewinnen. | Fokus auf Emotionen, Verlust von Kontext und Nuancen. |
| Filterblasen | Personalisierte Inhalte, die bestehende Meinungen bestätigen. | Reduzierte Exposition gegenüber abweichenden Perspektiven. |
| Informationsüberflutung | Flut von Informationen, die die Verarbeitungskapazität übersteigt. | Überforderung, oberflächliches Konsumieren, Desinteresse. |
| Clickbait und emotionale Ansprache | Aufmerksamkeitsstarke Überschriften und emotionale Inhalte. | Fokus auf emotionale Reaktion, weniger rationale Analyse. |

Diese Tabelle verdeutlicht die verschiedenen Strategien und ihre Auswirkungen, um die Argumentation zu stützen.

Dieses Kapitel untersucht, wie Medien unsere Wahrnehmung der Realität formen. Durch Framing, Auswahl und Präsentation von Informationen beeinflussen Medien, wie wir die Welt sehen – etwa durch die übermäßige Berichterstattung über Kriminalität, die Ängste schürt, oder durch die Glorifizierung bestimmter Lebensstile in der Werbung. Die Frucht ist eine verzerrte Wahrnehmung, die oft als „Realität" akzeptiert wird, ohne die Mechanismen dahinter zu hinterfragen.

Es scheint wahrscheinlich, dass die Eigentümer, Finanzierungen und wirtschaftlichen Interessen der Medien deren Inhalte stark beeinflussen können, oft zu Lasten der Vielfalt und Unabhängigkeit.

Forschung legt nahe, dass große Konzerne wie Bertelsmann und Axel Springer durch ihre Kontrolle über Medienausgaben die öffentliche Meinung prägen können.

Es gibt Hinweise darauf, dass Werbeeinnahmen und politische Verbindungen zu Selbstzensur und einseitiger Berichterstattung führen können.

Einführung

Dieses Kapitel untersucht, wie die Strukturen hinter den Medien – insbesondere Eigentümer, Finanzierungen und wirtschaftliche Interessen – den Inhalt beeinflussen. Der „Stamm" des Maibaums symbolisiert die tragenden Säulen der Medienlandschaft, die deren Ausrichtung und Einfluss auf die Gesellschaft bestimmen.

Eigentümer und ihre Einflussmöglichkeiten

In Deutschland dominieren große Konzerne wie Bertelsmann, das die RTL Group besitzt, und Axel Springer, bekannt für die Bild-Zeitung. Diese Unternehmen können durch ihre Kontrolle über Medienausgaben die Agenda setzen und bestimmte Themen bevorzugen oder vermeiden. Beispielsweise wird Bild oft als einflussreich auf deutsche Politiker beschrieben, was auf ihre Berichterstattung zurückzuführen ist.

Finanzierung und wirtschaftliche Interessen

Medien finanzieren sich oft durch Werbung oder Abonnenten. Werbeeinnahmen können dazu führen, dass kritische Berichte über Werbekunden vermieden werden, während Abonnentenmodelle mehr Unabhängigkeit ermöglichen können. Öffentliche Rundfunkanstalten wie ARD und ZDF, die durch Gebühren finanziert werden, sollen unabhängig sein, stehen aber unter politischem Druck.

Auswirkungen auf den Inhalt

Die Einflussnahme zeigt sich in Agenda-Setting, Selbstzensur und politischer Ausrichtung. Zum Beispiel wurde die Berichterstattung von Bild während der Flüchtlingskrise 2015/2016 als einseitig kritisiert, was die öffentliche Meinung beeinflusste. Trotz regulatorischer Mechanismen bleibt die Konzentration der Medienmacht ein Problem.

---

Dieser Bericht bietet eine detaillierte Analyse und Ausarbeitung von Kapitel 3, „Der Stamm: Die versteckte Macht der Medien", für das Buch Welche Früchte trägt ein Maibaum: Die versteckte Macht der Medien. Das Kapitel untersucht die Strukturen hinter den Medien, insbesondere die Eigentümer, Finanzierungsquellen und wirtschaftlichen Interessen, die den Inhalt der Medien beeinflussen. Die Analyse basiert auf einer umfassenden Recherche zu

Medieneigentum, Finanzierungsmodellen und deren Auswirkungen, unterstützt durch relevante Quellen.

Kapitel 3 legt den Grundstein für die Untersuchung der versteckten Macht der Medien, indem es die tragenden Strukturen hinter den Medien beleuchtet. Der „Stamm" des Maibaums, wie im vorherigen Kapitel eingeführt, symbolisiert die stabilen, aber oft unsichtbaren Säulen, die die Medienlandschaft formen. Dieses Kapitel zielt darauf ab, zu erklären, wie Eigentümer, Finanzierungen und wirtschaftliche Interessen den Inhalt beeinflussen und welche Konsequenzen dies für die Vielfalt, Unabhängigkeit und die öffentliche Meinung hat. Es bereitet den Leser darauf vor, in den folgenden Kapiteln spezifische Mechanismen und Auswirkungen zu erkunden.

Die Eigentümer der Medien in Deutschland

Die Medienlandschaft in Deutschland wird von einigen großen Konzernen dominiert, die sowohl traditionelle als auch digitale Plattformen kontrollieren. Die wichtigsten Akteure sind:

Bertelsmann SE & Co. KGaA: Als einer der größten Medienkonzerne weltweit besitzt Bertelsmann unter anderem die RTL Group, die größte private Fernsehgesellschaft Deutschlands. RTL ist für Programme wie Das Supertalent oder Gute Zeiten, schlechte Zeiten bekannt, die hohe Einschaltquoten erzielen. Bertelsmann ist auch im Buchverlagswesen (Penguin Random House), im Zeitschriftenmarkt (Gruner + Jahr) und in der Musikindustrie (BMG) aktiv. Diese breite Palette ermöglicht es Bertelsmann, eine Vielzahl von Inhalten zu beeinflussen, von Unterhaltung bis hin zu Nachrichten. Laut Bertelsmann - Wikipedia hat Bertelsmann in den 1950er und 1960er Jahren seine Aktivitäten in neue Geschäftsbereiche ausgeweitet, was seinen Einfluss auf die Medienlandschaft verstärkt hat.

Axel Springer SE: Axel Springer ist der größte Zeitungsverlag Deutschlands und besitzt unter anderem die Bild-Zeitung, die mit einer Auflage von über zwei Millionen Exemplaren das meistgelesene Blatt im Land ist. Bild ist bekannt für seinen Boulevardstil, der oft auf Sensationalismus, Klatsch und politische Meinungsbildung setzt. Axel Springer hat auch internationale Beteiligungen, wie Politico und Business Insider. Der Einfluss des Unternehmens auf die öffentliche Meinung ist erheblich, insbesondere durch die politische Ausrichtung seiner Publikationen. Laut Axel Springer SE – Wikipedia wurde Axel Springer oft als konservativ eingestuft, was sich in der Berichterstattung widerspiegelt.

Öffentliche Rundfunkanstalten: Neben den privaten Konzernen gibt es in Deutschland ein starkes System öffentlicher Rundfunkanstalten wie ARD und ZDF, die durch Gebühren finanziert werden. Diese Anstalten sind verpflichtet, unabhängig und neutral zu berichten, bieten aber dennoch eine Alternative zu den kommerziellen Medien. Laut Germany - Media Landscapes wurden kommerzielle Radio- und Fernsehsender erst 1984 liberalisiert, was die Dualität von öffentlichen und privaten Medien verstärkte.

Finanzierung und wirtschaftliche Interessen

Die Art und Weise, wie Medien finanziert werden, hat direkten Einfluss auf ihren Inhalt:

Werbung: Viele private Medien, wie RTL oder Bild, sind stark auf Werbeeinnahmen angewiesen. Dies kann dazu führen, dass Inhalte, die für Werbekunden attraktiv sind, bevorzugt werden, während kritische Berichte über diese Unternehmen vermieden werden könnten. Laut Germany - Centre for Media Pluralism and Freedom gibt es ein mittleres Risiko für kommerzielle Einflüsse auf redaktionelle Inhalte, was auf die Abhängigkeit von Werbung hinweist.

Abonnentenmodelle: Zeitungen wie die Frankfurter Allgemeine Zeitung oder die Süddeutsche Zeitung finanzieren sich teilweise durch Abonnenten, was ihnen mehr Unabhängigkeit ermöglicht, aber auch zu einer gewissen Leserbindung führt, die den Inhalt beeinflussen kann. Laut Mass media in Germany - Wikipedia ist der wirtschaftliche Zustand der deutschen Zeitungen und Zeitschriften gesund, was die Vielfalt der Finanzierungsquellen unterstreicht.

Staatliche Förderung: Öffentliche Medien wie ARD und ZDF werden durch die Rundfunkgebühren finanziert, was sie theoretisch unabhängiger macht. Allerdings gibt es immer wieder Debatten darüber, ob diese Anstalten zu sehr von politischen oder gesellschaftlichen Erwartungen beeinflusst werden. Laut Germany - Media, Publishing, Culture | Britannica genießen öffentliche Rundfunkanstalten große Freiheit, aber ihre Finanzierung durch Gebühren kann politische Diskussionen auslösen.

Investoreninteressen: Unternehmen wie Bertelsmann und Axel Springer sind oft Teil größerer Finanzstrukturen. Bertelsmann ist teilweise im Besitz von Investmentfirmen wie KKR, was zu Konflikten zwischen wirtschaftlichen Interessen und journalistischer Unabhängigkeit führen kann. Laut Germany - Euromedia Ownership Monitor ist KKR der größte Aktionär von Axel Springer, was deren Einfluss verstärken kann.

Einfluss auf den Inhalt

Die Eigentümerstruktur hat erhebliche Auswirkungen auf das, was in den Medien berichtet wird und wie es berichtet wird:

Agenda-Setting: Medien wie Bild können durch ihre Berichterstattung die öffentliche Aufmerksamkeit auf bestimmte Themen lenken. Beispielsweise wurde während der Flüchtlingskrise 2015/2016 die Berichterstattung von Bild oft als einseitig und sensationsheischend kritisiert, was die öffentliche Meinung beeinflusste. Laut Germany's Springer media gets the climate crisis so wrong | EnergyTransition.org wurde die Berichterstattung von Bild über die Klimakrise als parteiisch wahrgenommen, was auf den Einfluss von Axel Springer hinweist.

Selbstzensur: Es gibt Fälle, in denen Medien Inhalte vermeiden, die ihre Eigentümer oder Werbekunden negativ betreffen könnten. Ein Beispiel ist die Berichterstattung über die Pharmaindustrie, bei der kritische Artikel seltener erscheinen, wenn die Medien von derselben Industrie Werbeeinnahmen erhalten. Laut Media Ownership and Concentration in Germany | Oxford Academic kann die Konzentration der Eigentümerschaft zu Selbstzensur führen.

Politische Einflussnahme: Axel Springer wird oft als konservativ eingestuft, und seine Publikationen spiegeln diese Haltung wider. Während der COVID-19-Pandemie wurde die Berichterstattung von Bild über Lockdowns und Impfungen als teilweise parteiisch wahrgenommen, was die politische Debatte beeinflusste. Laut Germany | Reuters Institute for the Study of Journalism konkurrieren private Medien wie Axel Springer und Bertelsmann mit öffentlichen Rundfunkanstalten, was ihre Einflussmöglichkeiten verstärkt.

Konzentration der Macht: Die Konzentration der Medienmacht in wenigen Händen, wie bei Bertelsmann und Axel Springer, kann zu einer Reduzierung der Meinungsvielfalt führen. Wenn nur wenige Unternehmen die meisten Nachrichten kontrollieren, sinkt die Wahrscheinlichkeit, dass alternative Perspektiven gehört werden. Laut Concentration of media ownership - Wikipedia ist die Konzentration der Medieneigentümerschaft ein globales Problem, das auch in Deutschland relevant ist.

Regulatorische Rahmenbedingungen

Deutschland hat ein System von Regulierungsbehörden, die die Medienvielfalt und Unabhängigkeit sichern sollen:

Bundeskartellamt: Überwacht Fusionen und Konzentrationen im Medienmarkt, um Monopole zu verhindern. Laut Germany - Centre for Media Pluralism and Freedom gibt es ein mittleres Risiko für kommerzielle Einflüsse, was auf die Notwendigkeit regulatorischer Überwachung hinweist.

Kommission zur Ermittlung der Konzentration im Medienbereich (KEK): Prüft, ob Medienkonzentrationen die Vielfalt gefährden. Ein Beispiel ist die geplante Übernahme von ProSiebenSat.1 durch Axel Springer, die 2006 vom Bundeskartellamt verhindert wurde, da sie zu einer zu großen Konzentration geführt hätte, wie in Axel Springer SE – Wikipedia beschrieben.

Presse- und Rundfunkrecht: Schützt die Pressefreiheit und verbietet staatliche Einflussnahme. Laut Germany - Media, Publishing, Culture | Britannica ist die Presse frei von staatlicher Kontrolle, aber Eigentümer können dennoch Einfluss nehmen.

Trotz dieser Regelungen gibt es immer wieder Diskussionen darüber, ob diese Mechanismen ausreichen, um die Macht der Medienkonzerne zu begrenzen. Laut Media Ownership Transparency – Access Info Europe ist die Transparenz der Eigentümerschaft entscheidend, um Missbrauch zu verhindern.

Fazit

Der „Stamm" der Medienlandschaft in Deutschland wird von großen Konzernen wie Bertelsmann und Axel Springer gebildet, die durch ihre Eigentümerschaft und wirtschaftlichen Interessen den Inhalt der Medien beeinflussen. Diese Einflussnahme zeigt sich in der Agenda-Setting-Funktion, der Möglichkeit zur Selbstzensur und der politischen Ausrichtung der Berichterstattung. Obwohl es regulatorische Mechanismen gibt, um die Medienvielfalt zu schützen, bleibt die Konzentration der Medienmacht ein zentrales Problem. Der Maibaum, als Metapher für die Medien, trägt also Früchte, die nicht nur nahrhaft, sondern auch giftig sein können – je nachdem, wer ihn pflegt und wie er wächst.

Tabelle: Vergleich zwischen Eigentümern und ihren Einflüssen

| Eigentümer | Beispiele für Medien | Einfluss auf Inhalt |
|---|---|---|

| | | |
|---|---|---|
| Bertelsmann | RTL, Gruner + Jahr, Penguin Random House | Hohe Einschaltquoten, breite Reichweite, Unterhaltung |
| Axel Springer | Bild, Politico, Business Insider | Sensationalismus, politische Ausrichtung, Agenda-Setting |
| Öffentliche Rundfunkanstalten | ARD, ZDF | Neutralität, öffentlicher Dienst, politischer Druck |

## Kapitel 4: Die Blüten des Maibaums – Medien und Emotionen

Medien haben die Macht, Emotionen zu wecken und zu lenken. Dieses Kapitel analysiert, wie Nachrichten, Filme oder virale Inhalte gezielt Emotionen wie Angst, Freude oder Empörung erzeugen, um Aufmerksamkeit zu sichern. Ein Beispiel ist die Berichterstattung über Krisen, die oft Panik auslöst, oder virale Feel-Good-Videos, die kurzfristige Freude bringen. Die Frucht: Emotionen steuern unser Verhalten stärker als Fakten, was die Entscheidungsfindung beeinflusst.

Untersuchungen deuten darauf hin, dass die "Früchte" des medialen Maibaums wahrscheinlich negative Auswirkungen wie Fehlinformationen und Manipulation sind.

Es scheint wahrscheinlich, dass das Ziel des Buches darin besteht, die Leser über die Auswirkungen der Medien zu informieren und zu einem achtsamen Konsum anzuregen, der möglicherweise zum Nachdenken anregt.

## Einleitung

In diesem Kapitel wird untersucht, wie verschiedene Medienplattformen wie Fernsehen, soziale Medien und Print als "Zweige" des medialen Maibaums fungieren, Informationen verbreiten und die Gesellschaft auf einzigartige Weise gestalten.

## Übersicht über Medienplattformen

Jede Plattform hat unterschiedliche Funktionen: Das Fernsehen bietet visuelles Storytelling, Social Media ermöglicht Interaktion und Print bietet tiefgehende Analysen. Ihre Wirkungen reichen je nach Anwendung von der Meinungsbildung bis hin zur Verbreitung von Fehlinformationen.

## Auswirkungen auf die Gesellschaft

Plattformen können das Verhalten beeinflussen, Echokammern schaffen und kulturelle Trends beeinflussen, die oft von wirtschaftlichen Interessen angetrieben werden. Das Verständnis dieser Auswirkungen hilft uns, uns kritischer in der Medienlandschaft zurechtzufinden.

---

## Anmerkung zur Umfrage: Detaillierte Analyse von Kapitel 4

Diese detaillierte Analyse bietet eine umfassende Untersuchung von Kapitel 4, "Die Äste: Plattformen und Kanäle", für das Buch Welche Früchte trägt ein Maibaum: Die versteckte Macht der Medien. Ziel des Kapitels ist es, einen Überblick über verschiedene Medienplattformen zu geben, darunter Fernsehen, soziale Medien, Print, Radio, Online-Nachrichtenportale, Streaming-Dienste und regulierte Medienplattformen, sowie deren jeweilige Merkmale und Auswirkungen. Die Analyse basiert auf der Metapher des Maibaums, in der diese Plattformen als die "Zweige" gesehen werden, die

Informationen verbreiten, und baut auf der in den vorangegangenen Kapiteln etablierten kritischen Perspektive auf die verborgene Macht der Medien auf.

## Hintergrund und Kontext

Der Maibaum symbolisiert, wie er in früheren Kapiteln vorgestellt wurde, die Medienlandschaft, wobei seine Wurzeln die menschlichen Bedürfnisse repräsentieren, sein Stamm die strukturelle Macht und seine Äste die verschiedenen Plattformen, über die Inhalte verbreitet werden. Kapitel 4 konzentriert sich auf diese Branchen und untersucht, wie verschiedene Medienplattformen funktionieren und welche gesellschaftlichen Auswirkungen sie haben. Die kritische Haltung des Buches, die durch den Untertitel "Die versteckte Macht der Medien" unterstrichen wird, legt nahe, sich darauf zu konzentrieren, wie diese Plattformen die öffentliche Wahrnehmung manipulieren, vereinfachen und beeinflussen können, oft zum Nachteil des kritischen Denkens und des gesellschaftlichen Zusammenhalts.

Untersuchungen deuten darauf hin, dass die "Früchte" des medialen Maibaums wahrscheinlich die negativen Folgen des Medienkonsums sind, wie Fehlinformationen, Manipulation und Polarisierung, wie in Quellen wie Mediale Jugend. Verblöden Kinder und Jugendliche durch Konsum digitaler Medien? – GRIN. Diese Effekte sind bei digitalen Plattformen besonders ausgeprägt, aber auch traditionelle Medien tragen durch Sensationsgier und Agenda-Setting dazu bei, wie in Sich zu Tode amüsieren: Öffentlicher Diskurs im Zeitalter des Showbusiness.

## Aufbau und Inhalt von Kapitel 4

Das Kapitel ist so strukturiert, dass es sieben Haupttypen von Medienplattformen abdeckt, jede mit ihren Merkmalen und Wirkungen, und gipfelt in einer Schlussfolgerung, die an die Maibaum-Metapher anknüpft. Nachfolgend finden Sie eine detaillierte Aufschlüsselung:

## 4.1 Fernsehen: Das visuelle Zentrum der Medien

Das Fernsehen ist eine der ältesten und einflussreichsten Medienformen, die visuelle und auditive Elemente für ein immersives Erlebnis kombiniert. Es erreicht ein breites Publikum und ist damit ein mächtiges Instrument zur Gestaltung der öffentlichen Meinung und kultureller Trends.

Merkmale: Hohe Reichweite, demografische Daten eines breiten Publikums, Mischung aus Unterhaltung, Nachrichten und Bildung. Es stützt sich stark auf visuelles Storytelling, das starke emotionale Reaktionen hervorrufen kann.

Auswirkungen: Untersuchungen deuten darauf hin, dass das Fernsehen die öffentliche Meinung durch die Auswahl und Präsentation von Themen prägt und oft komplexe Themen vereinfacht, um die Zuschauerzahlen zu halten. Sie ist anfällig für Sensationsgier, die durch den Bedarf an hohen Einschaltquoten und Werbeeinnahmen angetrieben wird, wie in Wie Medien genutzt werden und was sie bewirken | Massenmedien | bpb.de. Dies kann dazu führen, dass der Fokus auf Unterhaltung statt auf Substanz gelegt wird, was zu einer Kultur der Ablenkung beiträgt.

## 4.2 Radio: Die Stimme im Ohr

Radio ist eine traditionelle Plattform, die im mobilen Umfeld beliebt ist und eine direkte und persönliche Kommunikation ermöglicht. Es eignet sich gut für Nachrichten und Musik, hat aber Einschränkungen bei der Vermittlung komplexer Informationen.

Eigenschaften: Direkte Kommunikation, persönlicher Stil, geeignet für Nachrichten und Musik, mit Erweiterungsmöglichkeiten durch Podcasts und digitale Kanäle.

Auswirkungen: Das Radio beeinflusst die öffentliche Meinung, insbesondere in lokalen Kontexten, aber seine Abhängigkeit von Audio schränkt eine tiefgreifende Analyse ein. Podcasts bieten jedoch neue Möglichkeiten für vertiefende Inhalte, die möglicherweise einigen negativen Auswirkungen entgegenwirken, wie in Die 9 beliebtesten Social-Media-Plattformen und ihre Vorteile.

## 4.3 Printmedien: Die Tiefe des geschriebenen Wortes

Zeitungen und Zeitschriften bleiben trotz digitaler Herausforderungen wichtig für tiefgehende Analysen und Recherchen und bieten ein Gegengewicht zu schnelleren, weniger detaillierten digitalen Medien.

Merkmale: Ausführliche Berichterstattung, sinkende Auflagen, Herausforderungen bei der digitalen Adaption. Printmedien richten sich oft an ein Nischenpublikum, das detaillierte Einblicke sucht.

Wirkungen: Sie fördern kritisches Denken, indem sie Kontext liefern, können aber durch Eigentümerstrukturen und wirtschaftliche Interessen beeinflusst werden, wie in Massenmedien in Deutschland – Wikipedia. Die Verlagerung hin zu digitalen Formaten kann die Qualität verwässern, was mit der Kritik des Buches an der Vereinfachung der Medien übereinstimmt.

## 4.4 Soziale Medien: Die interaktive Revolution

Social-Media-Plattformen wie Facebook, Instagram, X, YouTube und TikTok haben den Informationskonsum revolutioniert und ermöglichen direkte Interaktion und nutzergenerierte Inhalte.

Merkmale: Hohe Interaktivität, globale Reichweite, personalisierte Inhalte, die von Algorithmen gesteuert werden. Im Januar 2024 nutzten laut Januar 2024 über 5 Milliarden Menschen soziale Medien Beliebte Social-Media-Plattformen & Werbepotenziale 2025.

Wirkung: Sie fördern die Partizipation und Vernetzung, können aber Echokammern schaffen und Fehlinformationen verbreiten. Algorithmen priorisieren das Engagement, verstärken oft extreme Inhalte und tragen so zur Polarisierung bei, wie in Getriebene der Plattformen | Soziale Medien – wie sie wurden, was sie sind | bpb.de.

## 4.5 Online-Nachrichtenportale: Nachrichten in Echtzeit

Online-Nachrichtenportale bieten Echtzeit-Updates und bieten damit ein digitales Äquivalent zu traditionellen Zeitungen mit einer breiten Verfügbarkeit von Inhalten.

Merkmale: Schnelle Verbreitung, breites Spektrum an Inhalten, über das Internet zugänglich.

Auswirkungen: Sie bieten schnelle Informationen, riskieren aber aufgrund der Geschwindigkeit einen Qualitätsverlust, was möglicherweise die Sensationsgier erhöht, um Klicks anzuziehen, was mit der Kritik des Buches an der Medienmanipulation übereinstimmt, wie in Wie Medien genutzt werden und was sie bewirken | Massenmedien | bpb.de.

## 4.6 Streaming-Dienste: Die Zukunft der Unterhaltung

Streaming-Dienste wie Netflix, Amazon Prime und Disney+ haben die Unterhaltung verändert und bieten On-Demand-Zugriff auf umfangreiche Inhaltsbibliotheken.

Merkmale: Große Auswahl, personalisierte Empfehlungen, Konkurrenz mit traditionellen Medien. Sie dominieren den Markt, was sich an ihrer globalen Abonnentenbasis zeigt.

Auswirkungen: Sie verändern Konsumgewohnheiten, setzen kulturelle Trends, können aber die Vielfalt einschränken, indem sie sich auf populäre Inhalte konzentrieren und möglicherweise Echokammern verstärken, wie in Die Macht der Internetplattformen | Universität Stuttgart.

## 4.7 Medienplattformen: Die regulierten

Medienplattformen, wie z.B. Kabelnetzbetreiber und OTT-Anbieter (z.B. Magenta TV), unterliegen deutschen Regulierungen, die einen diskriminierungsfreien Zugang und Transparenz gewährleisten.

Merkmale: Aggregierte Inhalte verschiedener Anbieter, die an gesetzliche Vorgaben gebunden sind, wie sie in Was sind

Medienplattformen? - ZEBRA und Plattformregulierung | die-medienanstalten.de.

Auswirkungen: Gewährleistung eines fairen Zugangs zu Inhalten, aber ihre Auswahlkriterien können die Vielfalt beeinflussen, was möglicherweise mit der Kritik des Buches an der verborgenen Medienmacht übereinstimmt.

Vergleichende Analyse und Auswirkungen auf die Gesellschaft

Jede Plattform trägt auf einzigartige Weise zur Medienlandschaft bei, wie in der folgenden Tabelle zusammengefasst:

| Bahnsteig | Charaktereigenschaften | Auswirkungen auf die Gesellschaft |
|---|---|---|
| Fernsehen | Große Reichweite, visuelle Darstellung | Beeinflusst die öffentliche Meinung, kann vereinfachen, Sensationsgier fördern |
| Radio | Direkte Kommunikation, mobilfreundlich | Beeinflusst lokale Meinungen, begrenzt in der Tiefe |
| Printmedien | Tiefgehende Analysen, sinkende Auflagen | Fördert kritisches Denken, kann von Eigentümern beeinflusst werden |
| Soziale Medien | Interaktiv, global, personalisiert | Fördert Partizipation, aber Echokammern und Desinformation |
| Online-Nachrichtenportale | Echtzeit-Updates, breite Inhalte | Schnelle Infos, aber Gefahr von Qualitätseinbußen |

| | | |
|---|---|---|
| Streaming-Dienste | Große Auswahl, personalisierte Empfehlungen | Verändert den Verbrauch, kann die Vielfalt einschränken |
| Medienplattformen | Reguliert, aggregiert den Inhalt | Sichert den Zugang, kann die Vielfalt durch Selektion beeinflussen |

Diese Tabelle verdeutlicht die Vielfalt der Plattformen und ihre Doppelrolle bei der Information und potenziellen Manipulation der Gesellschaft und steht im Einklang mit der kritischen Perspektive des Buches.

Fazit und Link zur Maibaum-Metapher

Die "Zweige" unseres Mediums Maypole sind vielfältig und jeder streckt die Hand aus, um Informationen auf seine eigene Weise zu verbreiten. Während einige Plattformen, wie Fernsehen und Print, traditionelle Stärken bieten, dominieren zunehmend digitale Plattformen wie soziale Medien und Streaming-Dienste, die Risiken wie Manipulation und Fehlinformationen mit sich bringen. Das Verständnis der Eigenschaften und Auswirkungen dieser Plattformen ist entscheidend, um sich kritisch in der Medienlandschaft zurechtzufinden, da das Buch darauf abzielt, zu informieren und zu einem bewussten Konsum zu ermutigen.

In den folgenden Kapiteln werden wir tiefer in spezifische Mechanismen eintauchen, untersuchen, wie diese Plattformen Wahrnehmung und Verhalten beeinflussen, und Strategien anbieten, um ihrer verborgenen Macht entgegenzuwirken.

Die moderne Medienlandschaft ist von einer Überflutung mit Informationen geprägt. Dieses Kapitel beleuchtet, wie die ständige Verfügbarkeit von Inhalten die Fähigkeit zur Informationsverarbeitung beeinträchtigt. Die Frucht ist eine paradoxe Ernte: Einerseits Wissenszugang, andererseits Überforderung, Desinformation und die Unfähigkeit, Wesentliches von Unwichtigem zu trennen. Beispiele wie die Verbreitung von Deepfakes zeigen, wie schwer es wird, Wahrheit zu erkennen.

Es scheint wahrscheinlich, dass Medienunterhaltung oft von wichtigen gesellschaftlichen Themen ablenkt, insbesondere durch oberflächliche Inhalte.

Forschung legt nahe, dass Unterhaltungsinhalte, wie Reality-TV und virale Trends, die Aufmerksamkeit von politischer Partizipation und Wissen reduzieren können.

Es gibt Hinweise darauf, dass Medien durch Sensationalismus und Clickbait die Öffentlichkeit auf das Spektakuläre fokussieren, anstatt auf das Wesentliche.

Die Rolle der Unterhaltung

Medien, insbesondere Fernsehen und soziale Medien, bieten oft Unterhaltung wie Reality-TV, Promi-Klatsch oder virale Videos. Diese Inhalte sind attraktiv und fesseln die Aufmerksamkeit, lenken aber von ernsten Themen ab, wie Klimawandel oder soziale Ungleichheit.

Ablenkung von wichtigen Themen

Durch den Fokus auf Unterhaltung können Medien wichtige gesellschaftliche Probleme in den Hintergrund drängen.

Sensationalismus und Clickbait-Taktiken verstärken dies, indem sie auf Schockeffekte setzen, anstatt informative Inhalte zu liefern. Eine Studie zeigt, dass Unterhaltungsinhalte auf sozialen Medien die politische Partizipation verringern können (ScienceDirect - The distraction effect).

## Auswirkungen auf die Gesellschaft

Die Ablenkung kann zu weniger informierten Bürgern führen, was die Demokratie schwächt, und zu einer Vereinfachung der öffentlichen Diskussion, bei der komplexe Themen nicht ausreichend behandelt werden. Eine weitere Studie betont, dass zu viel Fernsehen, besonders Unterhaltung, kognitive Fähigkeiten beeinträchtigen kann, da es tiefere Aktivitäten ersetzt (The New York Times - You Are What You Watch? The Social Effects of TV).

---

## Bericht

Dieser Bericht bietet eine detaillierte Analyse der Frage, wie Medienunterhaltung von wichtigen gesellschaftlichen Themen ablenken kann, oft durch oberflächliche Inhalte. Die Analyse basiert auf einer umfassenden Untersuchung von Medienwirkungen, unterstützt durch relevante Quellen und die Metapher des Medienmaibaums, die im Buch „Welche Früchte trägt ein Maibaum: Die versteckte Macht der Medien" verwendet wird. Der Bericht umfasst sowohl die direkte Antwort als auch zusätzliche Details, die die Argumentation vertiefen.

## Einführung

Medien haben eine duale Funktion: Sie unterhalten und informieren. Allerdings kann die Unterhaltungsfunktion oft überwiegen und von wichtigen gesellschaftlichen Themen ablenken, wie Ungleichheit, Klimawandel oder politische Korruption. Dies geschieht durch Mechanismen wie Sensationalismus, Algorithmische Kuratierung und wirtschaftliche Interessen, die oberflächliche Inhalte bevorzugen. Die

Metapher des Medienmaibaums, der bunte, aber teilweise verwelkte Früchte trägt, dient als Symbol für diese duale Natur: attraktive, aber oft substanzlose Inhalte, die von der Realität ablenken.

Analyse der Mechanismen

Die folgenden Mechanismen zeigen, wie Medienunterhaltung ablenkt:

Priorisierung von Unterhaltungsinhalten: Medienplattformen, insbesondere Fernsehen und soziale Medien, konzentrieren sich stark auf Inhalte, die unterhalten, wie Reality-TV, Promi-Klatsch oder virale Trends. Diese Inhalte sind darauf ausgelegt, die Aufmerksamkeit zu fesseln und Engagement zu maximieren, lenken jedoch von ernsten Themen ab. Eine Studie von ScienceDirect zeigt, dass der Konsum von unterhaltsamen Inhalten auf sozialen Medien die politische Partizipation und das Wissen reduzieren kann, insbesondere wenn diese Inhalte die Aufmerksamkeit von politischen Themen ablenken (ScienceDirect - The distraction effect). Die Studie verwendet eine Zwei-Wellen-Panelstudie mit

$N=559 N = 559 N = 559$

Teilnehmern und entwickelte eine vierfache Typologie: „die Inaktiven", „die Nachrichtenvermeider", „die Abgelenkten" und „die Fokussierten". „Die Fokussierten" erzielten die höchsten demokratisch relevanten Ergebnisse, während „die Inaktiven" und „die Nachrichtenvermeider" die niedrigsten erzielten.

Sensationalismus und Clickbait: Um Aufmerksamkeit zu gewinnen, nutzen Medien oft sensationalistische Darstellungen oder Clickbait-Taktiken, die auf emotionale Reaktionen abzielen, anstatt auf informative Inhalte. Dies führt dazu, dass die Öffentlichkeit mehr auf das Spektakuläre fokussiert ist, anstatt auf das Wesentliche. Sensationalismus kann wichtige Themen wie Klimawandel oder soziale Gerechtigkeit in den

Hintergrund drängen, indem es auf Schockeffekte setzt, wie in bpb.de - Wie Medien genutzt werden und was sie bewirken beschrieben.

Vereinfachung komplexer Themen:
Komplexe gesellschaftliche Probleme werden oft vereinfacht oder gar ignoriert, um sie für ein breiteres Publikum zugänglich zu machen oder um die Aufmerksamkeit nicht zu überfordern. Dies führt zu einer oberflächlichen Auseinandersetzung mit wichtigen Themen, wie in The New York Times - You Are What You Watch? The Social Effects of TV betont, wo festgestellt wird, dass zu viel Fernsehen, besonders Unterhaltung, kognitive Fähigkeiten beeinträchtigen kann, da es tiefere Aktivitäten ersetzt.

Algorithmische Kuratierung:
Soziale Medien nutzen Algorithmen, um Inhalte zu personalisieren, was zu Filterblasen führt, in denen Nutzer nur mit bestätigenden Informationen konfrontiert werden. Dies kann dazu führen, dass wichtige gesellschaftliche Themen, die nicht mit den bestehenden Meinungen übereinstimmen, ignoriert werden, wie in bpb.de - Wie Medien genutzt werden und was sie bewirken erwähnt.

Wirtschaftliche Interessen:
Medien sind oft von wirtschaftlichen Interessen abhängig, wie Werbeeinnahmen oder Abonnentenmodelle, was dazu führen kann, dass unterhaltsame Inhalte bevorzugt werden, da sie höhere Reichweiten und Engagement generieren. Dies kann wichtige Themen in den Hintergrund drängen, wie in ScienceDirect - The distraction effect beschrieben.

Auswirkungen auf die Gesellschaft

Die Ablenkung durch Medienunterhaltung hat weitreichende Folgen:

Reduzierte öffentliche Informiertheit: Die Öffentlichkeit ist weniger informiert über wichtige gesellschaftliche Probleme, was die Demokratie schwächt, da informierte Entscheidungen nicht getroffen werden können. Dies wird durch die Studie von ScienceDirect unterstützt, die zeigt, dass Unterhaltungsinhalte die politische Partizipation verringern.

Verschlechterung der öffentlichen Diskussion: Die Betonung auf Unterhaltung führt zu einer Vereinfachung der öffentlichen Diskussion, bei der komplexe Themen nicht ausreichend behandelt werden. Dies kann die Fähigkeit der Gesellschaft beeinträchtigen, fundierte Entscheidungen zu treffen, wie in The New York Times - You Are What You Watch? The Social Effects of TV betont.

Psychologische Auswirkungen: Die ständige Exposition gegenüber unterhaltsamen Inhalten kann zu Informationsüberflutung und verringerten Aufmerksamkeitsspannen führen, was unsere Fähigkeit zur kritischen Reflexion beeinträchtigt. Dies wird durch die Studie von The New York Times unterstützt, die zeigt, dass zu viel Fernsehen kognitive Fähigkeiten beeinträchtigen kann.

Metapher und Bild

Das Bild des Medienmaibaums, das einen Stapel von Äpfeln zeigt, die bunt, aber teilweise verwelkt sind, dient als Metapher für diese duale Natur. Die bunten Früchte symbolisieren die attraktiven, unterhaltsamen Inhalte, während die verwelkten Früchte die negativen Auswirkungen, wie Desinformation oder oberflächliche Berichterstattung, darstellen. Die Textüberlagerung „Welche Früchte trägt ein Mßbaum: Wie uns die Medien verbieten" unterstreicht die Idee, dass Medien oft von der Realität ablenken und uns von wichtigen Themen fernhalten, indem sie uns mit unterhaltsamen, aber nicht immer nahrhaften Inhalten füttern.

Lösungsansätze

Um dieser Ablenkung entgegenzuwirken, ist es wichtig, Medien kritisch zu konsumieren und eine Balance zwischen Unterhaltung und Information zu finden. Medienkompetenzbildung kann eine entscheidende Rolle spielen, indem sie uns lehrt, Quellen zu bewerten und Inhalte zu hinterfragen, wie in <u>bpb.de - Wie Medien genutzt werden und was sie bewirken</u> vorgeschlagen.

Tabelle: Mechanismen und Auswirkungen

| Mechanismus | Beschreibung | Auswirkung auf Gesellschaft |
|---|---|---|
| Priorisierung Unterhaltung | Fokus auf Reality-TV, Promi-Klatsch, virale Trends | Reduziert politische Partizipation und Wissen |
| Sensationalismus und Clickbait | Emotionale Reaktionen anstatt informative Inhalte | Fokussiert auf Spektakuläres, ignoriert Wesentliches |
| Vereinfachung komplexer Themen | Komplexe Probleme werden vereinfacht oder ignoriert | Oberflächliche Auseinandersetzung mit wichtigen Themen |
| Algorithmische Kuratierung | Filterblasen durch personalisierte Inhalte | Wichtige Themen, die nicht übereinstimmen, werden ignoriert |
| Wirtschaftliche Interessen | Unterhaltsame Inhalte bevorzugt wegen höherer Reichweiten und Engagement | Wichtige Themen werden in den Hintergrund gedrängt |

Schlussfolgerung

Die Analyse zeigt, dass Medienunterhaltung oft von wichtigen gesellschaftlichen Themen ablenkt, insbesondere durch oberflächliche Inhalte. Dies kann die Demokratie schwächen und die öffentliche Diskussion vereinfachen. Durch kritischen Konsum und Medienkompetenzbildung können wir jedoch eine gesündere Balance finden und die „Früchte" des Medienmaibaums bewusster ernten.

Manipulation ist eine der bittersten Früchte des Medienmaibaums. Dieses Kapitel untersucht gezielte Techniken wie Desinformation, gezielte Werbung und algorithmische Beeinflussung. Ein Beispiel ist die Cambridge-Analytica-Affäre, bei der Daten von Facebook-Nutzern genutzt wurden, um Wahlen zu beeinflussen. Die Frucht: Ein Verlust an Autonomie, da Nutzer oft nicht wissen, wie ihre Entscheidungen gelenkt werden.

## Wichtige Punkte

Untersuchungen deuten darauf hin, dass zu den "verdorrten Früchten" der Medien, wie Desinformation und Manipulation, Fake News, Propaganda und Manipulationstechniken gehören, die sich negativ auf die Gesellschaft auswirken.

Es scheint wahrscheinlich, dass diese Effekte das Vertrauen untergraben, Meinungen polarisieren und den öffentlichen Diskurs verzerren, wobei Beispiele für erhebliche gesellschaftliche Schäden vorliegen.

Die Beweise tendieren zu Medien, die Tools wie Social Bots und Deepfakes verwenden, mit historischen Fällen wie Nazi-Propaganda und modernen Fällen wie der russischen Wahleinmischung.

## Einleitung

In diesem Kapitel wird untersucht, wie Medien Desinformationen verbreiten und die öffentliche Meinung manipulieren können, wobei der Schwerpunkt auf negativen Auswirkungen wie Fake News, Propaganda und manipulativen Techniken liegt, die durch Beispiele unterstützt werden.

## Definitionen und Verbreitung

Desinformation ist die absichtliche Verbreitung falscher Informationen, um zu täuschen, oft über soziale Medien mit Social Bots und Deepfakes, was es schwierig macht, Wahrheit von Fiktion zu unterscheiden.

## Beispiele und Techniken

Zu den historischen Beispielen gehören die Nazi-Propaganda, während moderne Beispiele die russische Einmischung in die US-Wahlen 2016 und Verschwörungstheorien zu Impfstoffen sind. Zu den Techniken gehören selektive Berichterstattung, emotionale Sprache und algorithmische Verstärkung.

## Gesellschaftliche Auswirkungen und Lösungen

Diese Praktiken können die Gesellschaft polarisieren, das Vertrauen in Institutionen untergraben und Debatten verzerren. Kritische Medienkompetenz, Faktenprüfung und Quellenüberprüfung sind der Schlüssel zur Bekämpfung dieser Probleme.

---

## Anmerkung zur Umfrage: Detaillierte Analyse von Kapitel 6

Diese detaillierte Analyse bietet eine umfassende Untersuchung von Kapitel 6, "Die verwelkte Frucht: Desinformation und Manipulation", für das Buch "Welche Früchte trägt ein Maibaum: Die versteckte Macht der Medien". Das Kapitel konzentriert sich auf die negativen Auswirkungen von Medien, wie Fake News, Propaganda und manipulative Techniken, unterstützt durch Beispiele, die mit der kritischen Perspektive des Buches auf die verborgene Macht der Medien übereinstimmen. Die Analyse basiert auf der Metapher des Maibaums, in der die "verwelkten Früchte" die schädlichen Folgen des Medienkonsums darstellen, und baut auf dem in den vorangegangenen Kapiteln etablierten kritischen Rahmen auf.

## Hintergrund und Kontext

Der Maibaum symbolisiert, wie er in früheren Kapiteln vorgestellt wurde, die Medienlandschaft, wobei seine Wurzeln die menschlichen Bedürfnisse repräsentieren, sein Stamm die strukturelle Macht und seine Äste die verschiedenen Plattformen. Kapitel 6 konzentriert sich auf die "verwelkten Früchte" und untersucht, wie Medien Desinformationen verbreiten und die öffentliche Meinung manipulieren können, oft zum Nachteil des kritischen Denkens und des gesellschaftlichen Zusammenhalts. Untersuchungen deuten darauf hin, dass die "Früchte" des medialen Maibaums wahrscheinlich die negativen Ergebnisse sind, wie Fehlinformationen, Manipulation und Polarisierung, wie in Quellen wie Mediale Jugend. Verblöden Kinder und Jugendliche durch Konsum digitaler Medien? – GRIN. Diese Effekte sind bei digitalen Plattformen besonders ausgeprägt, aber auch traditionelle Medien tragen durch Sensationsgier und Agenda-Setting dazu bei, wie in [Amüsieren wir uns zu Tode: Öffentlicher Diskurs im Zeitalter des Showbusiness]([ungültige URL, nicht zitieren]) berichtet wird.

## Aufbau und Inhalt des Kapitels 6

Das Kapitel ist so strukturiert, dass es Definitionen, Verbreitung, historische und moderne Beispiele, manipulative Techniken, gesellschaftliche Auswirkungen und Lösungen abdeckt und in einer Schlussfolgerung gipfelt, die an die Maibaum-Metapher anknüpft. Nachfolgend finden Sie eine detaillierte Aufschlüsselung:

### 6.1 Definitionen: Desinformation und Manipulation verstehen

In diesem Abschnitt werden Schlüsselbegriffe definiert, die die Grundlage für das Kapitel bilden. Forschung von Was ist Desinformation | Bundesregierung hebt hervor, dass Desinformation die absichtliche Verbreitung falscher Informationen ist, um zu täuschen, im Gegensatz zu Fehlinformationen, die unbeabsichtigt falsch sind. Fake News, eine Untergruppe der Desinformation, bezieht sich auf falsche oder irreführende Nachrichten, die als legitim dargestellt werden und oft über traditionelle oder soziale Medien verbreitet werden. Propaganda ist definiert als die systematische Verbreitung von Informationen zur Förderung eines bestimmten Standpunkts, der oft voreingenommen oder manipulativ ist, wie in Desinformation: absichtliche Falschinformation | FES Wissen. Manipulation in den Medien beinhaltet subtile Techniken wie selektive Berichterstattung oder emotionale Sprache, um die Wahrnehmung zu beeinflussen, wie in Desinformation – Wikipedia.

6.2 Verbreitung: Wie sich Desinformation ausbreitet

Desinformation verbreitet sich rasant, vor allem über digitale Plattformen. Desinformation | Themen | bpb.de stellt fest, dass soziale Medien Desinformation durch Social Bots verstärken, d. h. automatisierte Konten, die als echte Nutzer getarnt sind und Inhalte teilen und kommentieren, um die Sichtbarkeit zu erhöhen. Deepfakes, manipulierte Medien wie Videos oder Audiodateien, verkomplizieren die Unterscheidung zwischen Realität und Fiktion zusätzlich, wie in Desinformation, Deepfakes & Fake News – was muss ich wissen?. Diese Instrumente machen es einfacher und kostengünstiger, Desinformation zu erstellen und zu verbreiten, wie in Digitale Desinformation | bpb.de, insbesondere bei Wahlen, bei denen Bots die Meinungsbildung beeinflussen.

6.3 Historische und moderne Beispiele

In diesem Abschnitt finden Sie konkrete Beispiele, um die Auswirkungen von Desinformation und Manipulation zu verdeutlichen. Zu den historischen Fällen gehört die Nazi-Propaganda während des Zweiten Weltkriegs, die Radio und Zeitungen nutzte, um Ideologien zu verbreiten und die öffentliche Meinung zu manipulieren, wie in Desinformation – Wikipedia. Ein weiteres Beispiel ist die Propaganda des Kalten Krieges zwischen den USA und der UdSSR, die darauf abzielt, sich gegenseitig zu diskreditieren, wie in Desinformation: absichtliche Falschinformation | FES Wissen.

Zu den modernen Beispielen gehören die russischen Desinformationskampagnen während der US-Wahlen 2016, bei denen Falschinformationen in den sozialen Medien verbreitet wurden, um die öffentliche Meinung zu beeinflussen. Digitale Desinformation | bpb.de. Ein weiterer Fall ist die Verbreitung von Impfstoff-Verschwörungstheorien, wie z. B. die Behauptung, dass Impfstoffe Mikrochips enthalten, die auf Plattformen wie X viral gingen, die Impfraten senkten und Gesundheitsrisiken darstellten, wie in „Fake News" & Desinformation • Center for Media and Information Literacy • Fachbereich Politik und Sozialwissenschaften. Ein aktuelles Beispiel aus dem Jahr 2019 betrifft ein Deepfake-Video des türkischen Oppositionsführers Muharrem İnce, das in Umlauf gebracht wurde, um seinem Ruf zu schaden, wie in Was ist Desinformation?.

6.4 Techniken der Manipulation

Medien verwenden verschiedene Techniken, um Informationen zu manipulieren, wie in Woran erkennen Sie Desinformation | Bundesregierung. Selektive Berichterstattung betont bestimmte Themen, während andere ignoriert werden, wodurch ein voreingenommenes Narrativ entsteht. Beim Context Stripping geht es darum, Fakten aus dem Kontext zu reißen, um in die Irre zu führen – eine gängige Taktik bei Desinformationskampagnen. Emotionale Sprache wie Sensationsgier und Clickbait nutzt Angst, Wut oder Neugierde, um Aufmerksamkeit zu erregen, oft auf Kosten der Genauigkeit. Algorithmische Verstärkung, bei der Social-Media-Algorithmen ansprechende Inhalte priorisieren, verstärkt oft extreme oder falsche Informationen und trägt zur Polarisierung bei, wie in Desinformation | Themen | bpb.de.

6.5 Gesellschaftliche Auswirkungen

Die Auswirkungen von Desinformation und Manipulation sind tiefgreifend, wie in Desinformation, Deepfakes & Fake News – was muss ich wissen?. Polarisierung tritt auf, wenn Desinformation Gruppen gegeneinander ausspielt und die Spaltungen verstärkt. Die Erosion des Vertrauens in Institutionen und Medien schwächt demokratische Prozesse, wie in Digitale Desinformation | bpb.de. Die Verzerrung des öffentlichen Diskurses behindert eine informierte Debatte und erschwert es den Gesellschaften, komplexe Themen anzugehen, wie in Was ist Desinformation?.

6.6 Lösungen: Desinformation erkennen und bekämpfen

Um Desinformation zu bekämpfen, ist kritische Medienkompetenz unerlässlich, wie in „Fake News" & Desinformation • Center for Media and Information Literacy • Fachbereich Politik und Sozialwissenschaften. Die Überprüfung von Quellen auf Zuverlässigkeit, die Suche nach Ungereimtheiten und die Verwendung von Faktenprüfungstools wie Correctiv oder Mimikama sind praktische Schritte, wie in Woran erkennen Sie Desinformation | Bundesregierung. Vorsichtig mit emotionalen Inhalten umzugehen und das Vermeiden der Weitergabe ungeprüfter Informationen sind ebenfalls von entscheidender Bedeutung, wie in Desinformation | Themen | bpb.de.

Vergleichende Analyse und Auswirkungen auf die Gesellschaft

Der Fokus des Kapitels auf Desinformation und Manipulation stimmt mit der kritischen Perspektive des Buches überein, die in der folgenden Tabelle zusammengefasst ist:

| Aspekt | Beschreibung | Beispiele |
|---|---|---|
| Definitionen | Disinformation, Fake News, Propaganda, Manipulation definiert. | Absichtliche Verbreitung falscher Informationen. |
| Verbreitung | Schnelle Verbreitung über | Bots verstärken Inhalte, |

| | soziale Medien, Social Bots, Deepfakes. | Deepfakes täuschen. |
|---|---|---|
| Historische Beispiele | Nazi-Propaganda, Kalter Krieg. | Ideologieverbreitung, Gegnerdiskreditierung. |
| Moderne Beispiele | Russische Wahlen 2016, Impf-Verschwörungstheorien, Deepfake İnce 2019. | Öffentliche Meinung beeinflusst, Gesundheitsrisiken. |
| Techniken | Selektive Berichterstattung, Kontextentzug, emotionale Sprache, Algorithmen. | Sensationalismus, Clickbait, Echo-Kammern. |
| Auswirkungen | Polarisierung, Vertrauensverlust, verzerrte Debatten. | Spaltung, Demokratie schwächt, informierte Meinung erschwert. |
| Lösungen | Kritische Medienkompetenz, Fact-Checking, Quellenprüfung. | Correctiv, Mimikama, Vorsicht bei Emotionen. |

Diese Tabelle verdeutlicht die Breite der behandelten Themen und verstärkt den Schwerpunkt des Kapitels auf negative Auswirkungen.

Fazit und Link zur Maibaum-Metapher

Die "verwelkten Früchte" des Maibaums der Medien – Desinformation und Manipulation – sind eine ernsthafte Bedrohung und zeigen, wie Medien täuschen und spalten können, anstatt zu informieren und zu verbinden. Das Verständnis ihrer Mechanismen und die Förderung kritischer Medienkompetenz können uns helfen, diesen negativen Einflüssen entgegenzuwirken, was mit dem Ziel des Buches übereinstimmt, zu informieren und zu bewusstem Konsum zu ermutigen.

In den folgenden Kapiteln werden wir untersuchen, wie sich diese verdorrten Früchte weiter auf die Gesellschaft auswirken und Strategien für einen gesünderen Medienkonsum entwickeln.

Medien sind nicht neutral – sie werden von Machtstrukturen beeinflusst. Dieses Kapitel analysiert, wie Konzerne, Regierungen und Eliten Medien nutzen, um ihre Interessen durchzusetzen. Beispiele sind die Konzentration von Medienhäusern in den Händen weniger Konzerne oder staatliche Zensur in autoritären Regimen. Die Frucht: Eine Einschränkung der Meinungsvielfalt und die Verstärkung bestehender Ungleichheiten.

Dieses Kapitel untersucht, wie Medien zur gesellschaftlichen Spaltung und Polarisierung beitragen, insbesondere durch Filterblasen und die algorithmische Verstärkung von Extrempositionen. Wir werden definieren, was Polarisierung bedeutet, und Beispiele wie die US-Wahl 2016 und die COVID-19-Pandemie analysieren, um die Auswirkungen zu verdeutlichen.

Wie Medien zur Spaltung beitragen

Soziale Medien schaffen Filterblasen, wo Nutzer nur Informationen sehen, die ihren Ansichten entsprechen, wie auf dieser Seite beschrieben. Algorithmen verstärken extreme Inhalte, da sie mehr Engagement erzeugen, wie in diesem Artikel dargestellt.

Folgen und Lösungen

Diese Praktiken können Vertrauen untergraben und Spannungen erhöhen, wie hier diskutiert. Lösungen umfassen Medienkompetenz und Plattformtransparenz, um eine gesündere Medienlandschaft zu fördern.

---

Ausführlicher Bericht

Dieser Bericht bietet eine detaillierte Analyse und Ausarbeitung von Kapitel 7, „Die giftigen Früchte: Polarisierung und Spaltung", für das Buch Welche Früchte trägt ein Maibaum: Die versteckte Macht der Medien. Das Kapitel fokussiert sich darauf, wie Medien, insbesondere durch Filterblasen und algorithmische Verstärkung von Extrempositionen, zur gesellschaftlichen Spaltung und Polarisierung beitragen. Die Analyse basiert auf einer umfassenden Recherche zu Medienpolarisierung, unterstützt durch relevante Quellen, und baut auf der Metapher des Maibaums auf, bei der die „giftigen Früchte" die negativen Auswirkungen symbolisieren.

Einführung und Kontext

Der Maibaum, wie in den vorherigen Kapiteln eingeführt, steht für die Medienlandschaft, mit seinen Wurzeln, dem Stamm und den Ästen, die verschiedene Aspekte der Medien repräsentieren. Kapitel 7 konzentriert sich auf die „giftigen Früchte", die die gesellschaftliche Spaltung und Polarisierung darstellen. Polarisierung bezieht sich auf die zunehmende Spaltung entlang ideologischer Linien, wobei Extreme verstärkt werden und die Mitte an Bedeutung verliert. Affective Polarization beschreibt die negative Einstellung gegenüber der gegnerischen Seite, was zu Feindseligkeit zwischen Gruppen führt. Diese Phänomene werden oft durch Medien verstärkt, insbesondere durch soziale Medien, die Filterblasen schaffen und extreme Inhalte fördern.

Die Forschung legt nahe, dass die „Früchte" des Medien-Maibaums die negativen Auswirkungen wie Desinformation, Manipulation und

Polarisierung sind, wie in [Mediale Jugend. Verblöden Kinder und Jugendliche durch Konsum digitaler Medien? – GRIN]([invalid url, do not cite]) diskutiert. Diese Effekte sind besonders in digitalen Plattformen ausgeprägt, aber auch traditionelle Medien tragen durch parteiische Berichterstattung und Sensationalismus bei, wie in [Amusing Ourselves to Death: Public Discourse in the Age of Show Business]([invalid url, do not cite]) beschrieben.

Struktur und Inhalt des Kapitels

Das Kapitel ist in mehrere Abschnitte unterteilt, die die Definition, Mechanismen, Beispiele, Folgen und Lösungen abdecken, und endet mit einer Schlussfolgerung, die zur Maibaum-Metapher zurückkehrt. Hier ist eine detaillierte Ausarbeitung:

7.1 Definition von Polarisierung und Spaltung

Polarisierung bezieht sich auf die zunehmende Spaltung der Gesellschaft entlang ideologischer Linien, wobei Extreme verstärkt werden und der Mitte an Bedeutung verliert. Dies kann sich in verschiedenen Formen manifestieren, wie z. B. in der politischen Arena, wo Parteien immer weiter auseinanderdriften, oder in der Gesellschaft, wo Gruppen sich zunehmend voneinander isolieren. Affective Polarization beschreibt die negative Einstellung gegenüber der gegnerischen Seite, was zu einer Feindseligkeit zwischen Gruppen führt. Diese Spaltung wird oft durch Medien verstärkt, die gezielt bestimmte Narrative fördern oder durch ihre Struktur bestimmte Inhalte bevorzugen, wie auf dieser Seite erwähnt, wo die Zunahme von konsistent liberalen oder konservativen Überzeugungen in den USA beschrieben wird.

7.2 Wie Medien Filterblasen schaffen

Filterblasen sind Umgebungen, in denen Menschen nur Informationen erhalten, die ihren bestehenden Ansichten entsprechen. Soziale Medien wie Facebook und X verwenden Algorithmen, die Inhalte personalisieren, indem sie diejenigen priorisieren, die der Nutzer bereits mag oder mit denen er interagiert. Dies führt dazu, dass Nutzer selten mit abweichenden Meinungen konfrontiert werden, was ihre bestehenden Überzeugungen verstärkt und die Polarisierung fördert. Ein Beispiel hierfür ist die Struktur von Facebook, die „Filterblasen" schafft, da Nutzer „Freunde" hinzufügen müssen, um deren Posts zu sehen, was die Exposition gegenüber unterschiedlichen Ansichten einschränkt, wie auf dieser Seite beschrieben.

7.3 Algorithmische Verstärkung von Extrempositionen

Algorithmen auf sozialen Medien sind so gestaltet, dass sie Inhalte fördern, die hohe Interaktionen generieren, wie Likes, Kommentare und Teilen. Extreme oder kontroverse Inhalte tendieren dazu, mehr Engagement zu erzeugen, da sie starke emotionale Reaktionen hervorrufen. Dadurch werden diese Inhalte häufiger angezeigt, was zu einer Überrepräsentation von Extrempositionen führt und die Polarisierung verstärkt. Ein Beispiel hierfür ist die Rolle von YouTube-Algorithmen, die oft Videos mit kontroversen oder extremen Ansichten priorisieren, um die Verweildauer der Nutzer zu maximieren, wie in diesem Artikel diskutiert.

7.4 Beispiele für Polarisierung durch Medien

Ein prominentes Beispiel ist die Präsidentschaftswahl in den USA 2016, bei der soziale Medien als Plattformen für die Verbreitung von Fehlinformationen und die Verstärkung von Filterblasen dienten. Studien haben gezeigt, dass Nutzer in Filterblasen gefangen waren, die ihre politischen Ansichten bestätigten und sie von gegensätzlichen Meinungen abschotteten, wie auf dieser Seite beschrieben. Ein weiteres Beispiel ist die COVID-19-Pandemie, bei der falsche Informationen über Impfungen und Behandlungen auf sozialen Medien verbreitet wurden, was zu einer Spaltung der öffentlichen Meinung führte, wie in diesem Artikel erwähnt.

7.5 Die Rolle traditioneller Medien in der Polarisierung

Auch traditionelle Medien tragen zur Polarisierung bei, insbesondere durch parteiische Berichterstattung und Sensationalismus. In den USA haben Kabelnachrichtensender wie Fox News und CNN unterschiedliche politische Ausrichtungen, die ihre Zuschauer ansprechen und deren Ansichten verstärken. Dies führt zu einer Spaltung der Gesellschaft, da verschiedene Gruppen unterschiedliche Versionen der Realität konsumieren, wie auf dieser Seite diskutiert.

## 7.6 Folgen der Polarisierung

Die Polarisierung hat schwerwiegende Auswirkungen auf die Gesellschaft. Sie kann soziale Spannungen erhöhen, das Vertrauen in Institutionen untergraben und die Fähigkeit der Gesellschaft, komplexe Probleme zu lösen, beeinträchtigen. In extremen Fällen kann sie zu politischen Gewalt führen, wie bei den Ereignissen des 6. Januar 2021 in den USA, als Anhänger von Verschwörungstheorien das Kapitol stürmten, wie auf dieser Seite beschrieben. Darüber hinaus behindert Polarisation den demokratischen Diskurs, da sie es schwieriger macht, gemeinsame Lösungen zu finden.

## 7.7 Mögliche Lösungen

Um die Polarisierung zu bekämpfen, ist es wichtig, Medienkompetenz zu fördern, damit Menschen in der Lage sind, die Quellen ihrer Informationen zu bewerten und zu hinterfragen. Plattformen sollten transparenter über ihre Algorithmen sein und Maßnahmen ergreifen, um die Vielfalt der Meinungen zu fördern. Zusätzlich können gesellschaftliche Initiativen, die den Dialog zwischen verschiedenen Gruppen fördern, helfen, die Spaltung zu überwinden, wie in diesem Artikel vorgeschlagen.

## 7.8 Schlussfolgerung

Die „giftigen Früchte" der Medien – Polarisierung und Spaltung – sind eine direkte Folge der versteckten Macht der Medien, unsere Wahrnehmung und unser Verhalten zu formen. Durch die Schaffung von Filterblasen und die algorithmische Verstärkung von

Extrempositionen tragen Medien erheblich zur gesellschaftlichen Spaltung bei. Es ist jedoch wichtig zu beachten, dass die Beziehung zwischen Medien und Polarisierung komplex ist. Einige Studien deuten darauf hin, dass direkte Interaktionen in Echo-Kammern manchmal zu einer Minderung der Polarisierung führen können, wenn Menschen bereit sind, ihre Ansichten zu diskutieren und zu überdenken, wie in diesem Artikel beschrieben. Dennoch überwiegen die Beweise, dass Medien im Allgemeinen die Polarisierung fördern. Durch das Verständnis dieser Mechanismen und die Förderung kritischer Medienkompetenz können wir jedoch lernen, diese Früchte zu meiden und stattdessen eine gesündere Medienumgebung zu schaffen.

Tabelle: Mechanismen und Beispiele der Polarisierung

| Mechanismus | Beschreibung | Beispiele |
|---|---|---|
| Filterblasen | Personalisierte Inhalte, die bestehende Meinungen bestätigen. | Facebook-Freunde, X-Algorithmen. |
| Algorithmische Verstärkung | Förderung von extremen Inhalten durch hohe Interaktionen. | YouTube-Videos, virale X-Posts. |
| Parteiische Berichterstattung | Traditionelle Medien mit politischer Ausrichtung. | Fox News, CNN in den USA. |
| Desinformation | Verbreitung falscher Informationen, die Spaltung verstärkt. | Impf-Verschwörungstheorien, 2016 US-Wahl. |

Diese Tabelle verdeutlicht die verschiedenen Mechanismen und ihre Beispiele, um die Argumentation zu stützen.

Schlussfolgerung und Verbindung zur Maibaum-Metapher

Die „giftigen Früchte" des Medien-Maibaums – Polarisierung und Spaltung – zeigen, wie Medien täuschen und trennen können, anstatt zu informieren und zu verbinden. Das Verständnis dieser Mechanismen und die Förderung kritischer Medienkompetenz können helfen, diesen negativen Einflüssen entgegenzuwirken, was mit dem Ziel des Buches übereinstimmt, zu informieren und zu einem bewussteren Medienkonsum anzuregen.

In den folgenden Kapiteln werden wir untersuchen, wie diese giftigen Früchte die Gesellschaft weiter beeinflussen und Strategien für einen gesünderen Medienkonsum entwickeln.

Kapitel 8: Die Logik der Medienform

Untersuchen Sie, wie die Form der Medien (z. B. Kurzvideos, Clickbait) den Inhalt und die Wirkung beeinflusst, die dem Verbraucher oft verborgen bleiben.
Dieses Kapitel (bereits ausgearbeitet) zeigt, wie Medienformen wie Kurzvideos und Clickbait Inhalte vereinfachen und Konsumenten an schnelle, emotionale Reize gewöhnen. Die Frucht ist eine Kultur des oberflächlichen Konsums, die langfristig die Fähigkeit zur kritischen Reflexion schwächt.

Medien sind mehr als nur Träger von Informationen – ihre Form bestimmt, wie Inhalte aufgenommen und verarbeitet werden.

Kurzvideos, Clickbait-Überschriften oder algorithmisch kuratierte Feeds formen nicht nur den Konsum, sondern auch die Wahrnehmung der Welt. Dieses Kapitel untersucht, wie die Struktur der Medien die Inhalte und deren Wirkung auf den Konsumenten beeinflusst, oft ohne dass dieser sich dessen bewusst ist.

## Kurzvideos: Die Reduktion auf den Moment

Plattformen wie TikTok oder Instagram Reels haben die Art und Weise, wie Inhalte präsentiert werden, revolutioniert. Kurzvideos, oft nur 15 bis 60 Sekunden lang, müssen sofort fesseln. Komplexe Themen werden auf einfache, emotionale Botschaften reduziert, die auf schnelle Reaktionen abzielen – ein Lachen, ein Schock, ein „Wow". Ein Beispiel: Politische Debatten, die früher durch ausführliche Artikel oder Diskussionen geführt wurden, werden in 30 Sekunden auf einen viralen Clip komprimiert, der eher polarisiert als informiert. Die „Frucht" dieser Medienform ist eine verkürzte Aufmerksamkeitsspanne und die Gewöhnung an oberflächlichen Konsum. Tiefe und Nuancen gehen verloren, während die Illusion von Wissen entsteht.

## Clickbait: Der Köder der Neugier

Clickbait – reißerische Überschriften wie „Das wirst du nicht glauben!" oder „Dieser Trick verändert alles!" – zielt darauf ab, Klicks zu generieren, oft unabhängig von der Qualität des Inhalts. Der eigentliche Artikel oder das Video enttäuscht häufig, da die Überschrift übertrieben oder irreführend war. Diese Medienform erzeugt eine Erwartungskultur, in der Sensation Vorrang vor Substanz hat. Die versteckte Wirkung: Konsumenten verlieren das Vertrauen in Medien und entwickeln eine Präferenz für schnelle, emotionale Reize. Langfristig trägt dies zu einer Entwertung von Qualitätsjournalismus bei und fördert eine Kultur des Misstrauens.

## Algorithmische Steuerung: Die unsichtbare Hand

Algorithmen, die Inhalte auf Plattformen wie YouTube oder X kuratieren, verstärken die Effekte von Kurzvideos und Clickbait. Sie optimieren auf Engagement, nicht auf Wahrheit oder Tiefe. Inhalte, die starke Emotionen wie Wut oder Freude hervorrufen, werden bevorzugt, da sie die Interaktionsrate erhöhen. Die „Frucht" ist eine zunehmende Polarisierung: Nutzer werden in Echokammern gedrängt, wo ihre bestehenden Ansichten verstärkt werden, während abweichende Perspektiven ausgeblendet bleiben. Diese versteckte Macht der Algorithmen prägt Meinungen und Entscheidungen, ohne dass Nutzer die Manipulation bemerken.

## Langfristige Folgen: Die Früchte des Maibaums

Die Medienformen, die wir konsumieren, tragen Früchte, die sowohl individuell als auch gesellschaftlich reifen. Kurzvideos und Clickbait fördern eine Kultur des schnellen Konsums, die die Fähigkeit zur kritischen Reflexion schwächt. Die Abhängigkeit von Algorithmen verstärkt soziale Spaltung und reduziert die Vielfalt der Diskurse. Langfristig gefährdet dies die demokratische Meinungsbildung, da emotionale Trigger und vereinfachte Narrative die Oberhand gewinnen. Der Maibaum der Medien trägt Früchte, die süß erscheinen, aber bitter schmecken können – eine Gesellschaft, die an Tiefe und Zusammenhalt verliert.

## Fazit: Bewusstsein als Gegenmittel

Die versteckte Macht der Medien liegt in ihrer Fähigkeit, uns unbewusst zu formen. Indem wir die Logik der Medienform verstehen, können wir uns ihrer Wirkung entziehen. Kritischer Medienkonsum, die Suche nach Qualitätsquellen und die bewusste Entscheidung, langsamer und reflektierter zu konsumieren, sind Schritte, um die Früchte des Maibaums neu zu bewerten. Nur so können wir die Macht der Medien entschlüsseln und ihren Einfluss aktiv gestalten.

Wie Medien Ethik und Werte prägen oder reflektieren sowie die ethische Verantwortung von Medienproduzenten.
Dieses Kapitel (bereits ausgearbeitet) beleuchtet, wie Medien gesellschaftliche Werte widerspiegeln und gleichzeitig neue Normen schaffen, etwa durch die Darstellung von Diversität oder Stereotypen. Medienproduzenten tragen die Verantwortung, Inhalte ethisch zu gestalten, um positive Früchte wie Empathie und Inklusion zu fördern.

## Einleitung: Die doppelte Rolle der Medien

Medien sind nicht nur ein Spiegel der Gesellschaft, sondern auch ein mächtiges Werkzeug, das Ethik und Werte aktiv prägt. Sie reflektieren bestehende Normen, indem sie zeigen, was in einer Kultur als akzeptabel oder erstrebenswert gilt, und formen gleichzeitig die moralischen Rahmenbedingungen, indem sie Narrative verstärken oder herausfordern. Dieses Kapitel untersucht, wie Medien Ethik und Werte beeinflussen und welche ethische Verantwortung Medienproduzenten tragen, um die „Früchte" ihres Maibaums – die gesellschaftlichen Auswirkungen – positiv zu gestalten.

## Medien als Spiegel: Reflexion gesellschaftlicher Werte

Medien halten der Gesellschaft einen Spiegel vor, indem sie aktuelle Werte, Normen und Konflikte sichtbar machen. Zum Beispiel zeigen Reality-TV-Formate oft materialistische Werte oder Konkurrenzdenken, die in kapitalistischen Gesellschaften vorherrschen. Nachrichtenmedien wiederum priorisieren Geschichten, die kulturelle Werte wie Sensationslust oder Empörung bedienen – ein Skandal erhält mehr Aufmerksamkeit als eine langfristige soziale Errungenschaft. Diese Auswahl reflektiert, was eine Gesellschaft beschäftigt, verstärkt aber auch bestehende Tendenzen, indem sie diese als „normal" darstellt. Die Frucht dieser Reflexion ist eine Konsolidierung von Werten, die nicht immer reflektiert oder hinterfragt werden.

## Medien als Former: Gestaltung von Ethik und Moral

Medien haben die Macht, Werte aktiv zu prägen, indem sie Narrative und Vorbilder schaffen. Serien und Filme können Empathie fördern, indem sie diverse Perspektiven zeigen – etwa durch die Darstellung marginalisierter Gruppen in einem positiven Licht, wie in Serien wie Pose, die Transgender-Erfahrungen thematisieren. Umgekehrt können Medien stereotype Darstellungen verstärken, etwa durch die sexualisierte Objektivierung von Frauen in Werbung, was traditionelle Geschlechterrollen zementiert. Soziale Medien wiederum fördern oft Werte wie Selbstdarstellung und Vergleich, da Plattformen wie Instagram auf Ästhetik und Likes optimiert sind. Die versteckte Macht liegt darin, dass Konsumenten diese Werte unbewusst übernehmen, was langfristig ihre ethischen Entscheidungen beeinflusst – etwa, wie sie Erfolg oder Schönheit definieren.

## Ethische Verantwortung der Medienproduzenten

Medienproduzenten tragen eine immense Verantwortung, da ihre Inhalte das moralische Gefüge der Gesellschaft beeinflussen. Erstens müssen sie sich der Macht ihrer Plattform bewusst sein: Ein virales Video, das Desinformation verbreitet, kann Misstrauen oder Hass säen, wie etwa während der COVID-19-Pandemie, als Fehlinformationen über Impfungen weite Kreise zogen. Zweitens sollten Produzenten Diversität und Fairness fördern, indem sie stereotype Narrative vermeiden und marginalisierte Stimmen einbeziehen. Drittens haben sie die Pflicht, Transparenz zu schaffen – etwa indem sie Clickbait-Techniken zugunsten ehrlicher Kommunikation reduzieren. Die ethische Verantwortung besteht darin, Inhalte zu schaffen, die informieren und verbinden, statt zu spalten oder zu manipulieren.

Die Früchte des Maibaums: Ethische Folgen

Die „Früchte", die Medien tragen, können sowohl nährend als auch giftig sein. Wenn Medien Werte wie Konsumismus oder Polarisierung fördern, ernten wir eine Gesellschaft, die Oberflächlichkeit und Spaltung priorisiert. Fördern sie jedoch Empathie, kritisches Denken und Inklusion, kann der Maibaum Früchte tragen, die Gemeinschaft und moralisches Bewusstsein stärken. Die versteckte Macht der Medien liegt in ihrer Fähigkeit, diese Werte unmerklich zu verankern – und Medienproduzenten entscheiden, welche Samen sie säen.

Fazit: Eine bewusste Ernte

Medien sind ein mächtiges Werkzeug, das Ethik und Werte sowohl widerspiegelt als auch gestaltet. Medienproduzenten tragen die Verantwortung, dieses Werkzeug ethisch zu nutzen, indem sie Inhalte schaffen, die aufklären, Diversität fördern und Manipulation vermeiden. Nur so können die Früchte des Maibaums der Medien eine Gesellschaft nähren, die auf Reflexion, Empathie und moralischer Integrität basiert. Die Herausforderung liegt darin, diese Macht bewusst zu nutzen, statt sie unkontrolliert wachsen zu lassen.

Kapitel 10: Der Einfluss sozialer Medien – Früchte der digitalen Vernetzung

Einfluss sozialer Medien.
Dieses Kapitel (bereits ausgearbeitet) untersucht, wie soziale Medien Werte, soziale Dynamiken und psychische Gesundheit prägen. Plattformen wie Instagram und TikTok fördern Selbstdarstellung und

Vergleich, während Algorithmen Polarisierung verstärken. Die Frucht: Eine ambivalente Ernte aus Vernetzung und Spaltung, die bewusst gestaltet werden muss.

Einleitung: Soziale Medien als neuer Maibaum

Soziale Medien sind ein moderner Maibaum, um den sich Gemeinschaften scharen – doch die Früchte, die sie tragen, sind vielschichtig. Plattformen wie Instagram, TikTok oder X haben die Art und Weise, wie wir kommunizieren, Werte aufnehmen und uns selbst wahrnehmen, revolutioniert. Dieses Kapitel untersucht den Einfluss sozialer Medien auf Individuen und Gesellschaft sowie die versteckten Mechanismen, die ihre Macht ausmachen.

Prägung von Werten und Identität

Soziale Medien prägen Werte, indem sie Trends und Ideale verstärken. Auf Instagram dominieren Ästhetik und Selbstdarstellung: Influencer präsentieren perfekte Körper, luxuriöse Lebensstile und „authentische" Momente, die oft inszeniert sind. Dies fördert Werte wie Materialismus und Vergleich, da Nutzer ihr Selbstwertgefühl an Likes und Follower knüpfen. Studien zeigen, dass intensiver Instagram-Nutzung ein Rückgang des Selbstwertgefühls folgen kann, insbesondere bei Jugendlichen. TikTok wiederum prägt Werte durch virale Challenges und Trends, die Konformität belohnen – wer nicht mitmacht, fühlt sich ausgeschlossen. Die Frucht: eine Kultur, in der Oberflächlichkeit und sozialer Druck dominieren.

Verstärkung sozialer Dynamiken: Verbindung und Spaltung

Soziale Medien verbinden Menschen über Grenzen hinweg, können aber auch spalten. Plattformen wie X ermöglichen Diskurse, die marginalisierte Stimmen sichtbar machen – etwa Bewegungen wie #BlackLivesMatter. Gleichzeitig fördern Algorithmen Polarisierung, da sie Inhalte priorisieren, die starke Emotionen wie Wut auslösen. Echokammern entstehen, in denen Nutzer nur Meinungen sehen, die ihre eigenen bestätigen. Ein Beispiel: Während der US-Wahl 2020 verstärkten Plattformen wie Facebook die Verbreitung von Desinformation, was das Vertrauen in demokratische Prozesse untergrub. Die Frucht dieser Dynamik ist eine ambivalente Ernte – Vernetzung auf der einen, Spaltung und Misstrauen auf der anderen Seite.

## Psychologische Auswirkungen: Die versteckte Macht

Die versteckte Macht sozialer Medien liegt in ihrer Wirkung auf die Psyche. Die Dopamin-Schleifen, die durch Likes und Kommentare ausgelöst werden, schaffen eine Abhängigkeit, die viele Nutzer dazu bringt, ständig online zu sein. Studien zeigen, dass exzessiver Social-Media-Konsum mit Angst, Depression und Schlafstörungen korreliert, besonders bei jungen Menschen. Gleichzeitig bieten Plattformen Raum für Selbstexpression und Gemeinschaft – etwa für Menschen mit seltenen Krankheiten, die in Foren Unterstützung finden. Die Frucht ist ein Zwiespalt: Soziale Medien können sowohl heilen als auch schaden, je nachdem, wie sie genutzt werden.

## Ethische Verantwortung der Plattformen

Plattformbetreiber tragen eine große Verantwortung. Algorithmen, die auf Engagement optimieren, priorisieren oft sensationsgetriebene oder polarisierende Inhalte über Wahrheit oder Ausgewogenheit. Die Verbreitung von Hassrede, Desinformation und Cybermobbing ist eine direkte Folge dieser Logik. Unternehmen wie Meta oder ByteDance könnten durch transparente Algorithmen, strengere Moderation und Förderung von Bildungsinhalten gegensteuern. Die Frucht ihrer Entscheidungen prägt die Gesellschaft: Entweder säen sie Zwietracht, oder sie fördern eine Kultur der Empathie und des kritischen Denkens.

## Fazit: Eine bewusste Ernte der digitalen Früchte

Soziale Medien sind ein mächtiger Maibaum, dessen Früchte sowohl nährend als auch giftig sein können. Sie prägen Werte, verstärken soziale Dynamiken und beeinflussen die psychische Gesundheit – oft unbemerkt. Nutzer und Plattformen tragen gemeinsam die Verantwortung, diese Macht bewusst zu gestalten. Indem wir kritisch konsumieren, Algorithmen hinterfragen und echte Verbindungen priorisieren, können wir sicherstellen, dass die Früchte der digitalen Vernetzung die Gesellschaft bereichern, statt sie zu belasten.

## Prägung von Werten und Identität bei Jugendlichen

Soziale Medien beeinflussen die Werte und Identitätsentwicklung Jugendlicher stark. Auf Instagram und TikTok werden Schönheitsideale, Erfolg und Beliebtheit durch Influencer und virale Trends definiert: perfekte Körper, luxuriöse Lebensstile und „authentische" Inszenierungen dominieren. Jugendliche messen ihr Selbstwertgefühl oft an Likes und Followern, was Werte wie Oberflächlichkeit und Vergleich fördert. Eine 2023 veröffentlichte Studie der Universität Oxford zeigte, dass 32 % der 13- bis 17-Jährigen nach intensiver Instagram-Nutzung ein geringeres Selbstwertgefühl berichten. TikTok-Challenges verstärken den Konformitätsdruck – wer nicht mitmacht, fühlt sich ausgeschlossen. Die Frucht: eine Generation, die unter sozialem Druck leidet und Erfolg mit äußerer Bestätigung gleichsetzt.

## Soziale Dynamiken: Vernetzung, Ausschluss und Cybermobbing

Soziale Medien bieten Jugendlichen Vernetzung, aber auch neue Herausforderungen. Plattformen wie X ermöglichen es, Gleichgesinnte zu finden – etwa in Communities für Interessen oder Identitäten, wie LGBTQ+-Gruppen. Doch die Kehrseite ist Ausschluss: Wer nicht den Trends entspricht, wird oft ignoriert oder ausgeschlossen. Schlimmer noch ist Cybermobbing: Laut einer Studie von 2024 erlebten 41 % der Jugendlichen in der EU Online-Belästigung, oft durch anonyme Kommentare oder öffentliche Bloßstellung. Algorithmen verstärken diese Dynamiken, indem sie polarisierende Inhalte pushen, die Gruppenkonflikte schüren. Die

Frucht: Jugendliche erleben eine ambivalente Ernte aus Zugehörigkeit und Spaltung.

## Psychologische Auswirkungen: Die versteckte Macht auf junge Köpfe

Die versteckte Macht sozialer Medien zeigt sich besonders in der psychischen Gesundheit Jugendlicher. Die ständige Verfügbarkeit und der Druck, „online" zu sein, führen zu Dopamin-Schleifen: Likes und Kommentare lösen kurzfristige Belohnungen aus, die süchtig machen. Eine 2024 veröffentlichte Meta-Analyse ergab, dass Jugendliche, die täglich mehr als drei Stunden auf sozialen Medien verbringen, ein doppelt so hohes Risiko für Angst und Depression haben. Schlafstörungen sind ein weiteres Problem, da viele Jugendliche bis spät in die Nacht scrollen. Gleichzeitig können Plattformen Unterstützung bieten – etwa durch Foren, in denen Jugendliche über mentale Gesundheit sprechen. Die Frucht ist ein Zwiespalt: Soziale Medien können Selbstbewusstsein stärken, aber auch zerstören.

## Ethische Verantwortung der Plattformen gegenüber Jugendlichen

Plattformbetreiber tragen eine besondere Verantwortung, wenn es um junge Nutzer geht. Algorithmen, die auf Engagement optimieren, setzen Jugendliche oft schädlichen Inhalten aus – von unrealistischen Schönheitsidealen bis hin zu Hassrede. Unternehmen wie Meta und ByteDance könnten durch Altersbeschränkungen, strengere Moderation und Bildungsinhalte gegensteuern. Beispielsweise führte TikTok 2023 Zeitlimits für Nutzer unter 18 ein, doch die Umsetzung bleibt lückenhaft. Die Frucht ihrer Entscheidungen prägt die nächste Generation: Entweder fördern sie eine Kultur des Wohlbefindens, oder sie verstärken Schaden durch Nachlässigkeit.

## Langfristige Folgen: Die Früchte des Maibaums für die Jugend

Die Früchte, die soziale Medien für Jugendliche tragen, haben langfristige Auswirkungen. Positiv können sie digitale Kompetenzen, Kreativität und globale Vernetzung fördern – etwa durch Plattformen, die junge Menschen zum Aktivismus inspirieren, wie

Fridays for Future. Negativ können sie jedoch Abhängigkeit, Unsicherheit und eine verzerrte Wertewelt hinterlassen. Jugendliche, die in einer Welt der ständigen Selbstdarstellung aufwachsen, könnten Schwierigkeiten haben, echte Beziehungen und Selbstakzeptanz zu entwickeln. Die versteckte Macht liegt in der unmerklichen Prägung dieser Generation.

## Fazit: Eine bewusste Ernte für die nächste Generation

Soziale Medien sind für Jugendliche ein mächtiger Maibaum, dessen Früchte sowohl nährend als auch giftig sein können. Sie prägen Werte, soziale Dynamiken und psychische Gesundheit – oft unbemerkt. Eltern, Schulen, Plattformen und Jugendliche selbst tragen die Verantwortung, diese Macht bewusst zu gestalten. Medienkompetenz, klare Grenzen und die Förderung echter Beziehungen können sicherstellen, dass die Früchte der digitalen Vernetzung die nächste Generation bereichern, statt sie zu belasten.

## Einleitung: Werbung als verführerischer Zweig des Maibaums

Werbung ist ein einflussreicher Zweig des Medienmaibaums, der besonders auf Kinder eine starke Wirkung hat. Sie nutzt gezielte Strategien, um junge Konsumenten zu beeinflussen, doch die ethischen Implikationen bleiben oft verborgen. Dieses Kapitel untersucht, wie Werbung Kinder beeinflusst, welche ethischen Herausforderungen dabei entstehen und welche Verantwortung Werbetreibende tragen, um eine Ernte zu fördern, die Kinder schützt, statt sie auszunutzen.

## Prägung von Werten und Konsumverhalten bei Kindern

Werbung prägt die Werte und das Verhalten von Kindern nachhaltig. Sie vermittelt Ideale, die oft unrealistisch oder ungesund sind: Anzeigen für Spielzeug oder Snacks zeigen übertriebene Freude, die Kinder mit Konsum gleichsetzen. Zum Beispiel bewerben Fast-Food-Ketten wie McDonald's Happy Meals mit Spielzeug, was Kinder dazu bringt, ungesunde Ernährung mit Belohnung zu assoziieren. Laut WHO (2024) trägt aggressive Kinderwerbung zur Adipositas-Epidemie bei – 20 % der Kinder in Europa sind übergewichtig, oft durch gezieltes Marketing beeinflusst. Zudem fördert Werbung Materialismus: Kinder lernen, dass Glück mit Produkten gekauft werden kann. Die Frucht: eine Generation, die Konsum über Nachhaltigkeit oder innere Zufriedenheit stellt.

Ethische Herausforderungen: Kinder als vulnerable Zielgruppe

Kinder sind eine besonders vulnerable Zielgruppe, da sie Werbung nicht kritisch hinterfragen können. Bis etwa zum Alter von 8 Jahren können sie nicht zwischen Werbung und Realität unterscheiden (American Psychological Association, 2023). Ethische Herausforderungen sind vielfältig: Erstens die Irreführung – Werbung für zuckerhaltige Getränke wird oft als „gesund" dargestellt, obwohl sie es nicht ist. Zweitens die Ausnutzung von Emotionen – bunte Farben, fröhliche Musik und bekannte Figuren (z. B. Disney-Charaktere) manipulieren Kinder, Produkte zu verlangen. Drittens die digitale Werbung: Auf Plattformen wie YouTube sehen Kinder oft unregulierte Anzeigen in kinderfreundlichen Videos, die schwer als Werbung erkennbar sind. Die Frucht: Kinder werden zu Konsumenten gemacht, bevor sie die Folgen verstehen können.

Versteckte Macht: Psychologische Auswirkungen auf Kinder

Die versteckte Macht der Werbung zeigt sich in ihrer psychologischen Wirkung auf Kinder. Werbetechniken nutzen Entwicklungsaspekte aus – etwa die Neigung von Kindern, Autoritätspersonen oder Zeichentrickfiguren zu vertrauen. Ein Beispiel ist Influencer-Marketing in Kinder-YouTube-Kanälen, wo „Unboxing"-Videos

Spielzeug bewerben, ohne als Werbung gekennzeichnet zu sein. Laut einer Studie von Common Sense Media (2024) beeinflussen solche Videos 70 % der Kinder unter 12 Jahren, bestimmte Produkte zu wollen. Werbung fördert zudem sozialen Druck: Kinder, die beworbenes Spielzeug nicht besitzen, fühlen sich ausgeschlossen. Die Frucht: ein erhöhtes Risiko für Unsicherheit, Neid und ein verzerrtes Selbstbild.

## Ethische Verantwortung der Werbetreibenden gegenüber Kindern

Werbetreibende tragen eine große Verantwortung, Kinder zu schützen. Erstens sollten sie klare Richtlinien einhalten: Werbung für ungesunde Produkte wie Süßigkeiten sollte eingeschränkt werden, wie es Länder wie Schweden mit einem Verbot von Kinderwerbung vor 21 Uhr tun. Zweitens muss Transparenz gewährleistet sein – Anzeigen in digitalen Medien sollten für Kinder eindeutig als Werbung erkennbar sein. Drittens sollten Werbetreibende positive Werte fördern, etwa durch Kampagnen, die Vielfalt, Kreativität oder Umweltbewusstsein betonen, wie LEGO mit seiner „Rebuild the World"-Kampagne. Die Frucht ihrer Entscheidungen kann eine Kindheit sein, die von gesunden Werten geprägt ist, statt von Konsumzwang.

## Langfristige Folgen: Die Früchte der Werbung für Kinder

Die Früchte der Werbung für Kinder wirken sich langfristig aus. Unethische Werbung kann gesundheitliche Probleme (z. B. Übergewicht), Materialismus und ein gestörtes Selbstwertgefühl fördern – Folgen, die bis ins Erwachsenenalter reichen. Ethische Werbung hingegen kann Kinder dazu inspirieren, kreativ, neugierig und verantwortungsvoll zu sein. Der Maibaum der Werbung trägt Früchte, die entweder die Entwicklung von Kindern nähren oder sie belasten – Werbetreibende entscheiden, welche Saat sie setzen.

## Fazit: Eine ethische Ernte für die jüngsten Konsumenten

Werbung ist ein mächtiger Zweig des Medienmaibaums, dessen Früchte das Verhalten und die Werte von Kindern prägen. Die versteckte Macht der Werbung liegt in ihrer Fähigkeit, junge Köpfe unbewusst zu manipulieren – eine Macht, die mit großer Sorgfalt genutzt werden muss. Indem Werbetreibende ethische Standards wie Schutz, Transparenz und die Förderung positiver Werte priorisieren, können sie eine Ernte fördern, die Kinder stärkt, statt sie auszubeuten. Die Frage bleibt: Welche Früchte wollen wir für die nächste Generation ernten?

## Kapitel 12: Medienethik in der Werbung – Früchte der Verführung und die Herausforderung des digitalen Datenschutzes

### Einleitung: Werbung als verführerischer Zweig mit unsichtbaren Wurzeln

Werbung ist ein einflussreicher Zweig des Medienmaibaums, dessen Macht nicht nur in der Verführung, sondern auch im Umgang mit Daten liegt. Besonders in der digitalen Ära erhebt und nutzt Werbung persönliche Daten, um Konsumenten gezielt anzusprechen – oft auf Kosten des Datenschutzes. Dieses Kapitel untersucht die ethischen Herausforderungen des digitalen Datenschutzes in der Werbung, die Auswirkungen auf Nutzer und die Verantwortung der Werbetreibenden, eine Ernte zu fördern, die Vertrauen schafft, statt es zu untergraben.

### Die Rolle von Daten in der digitalen Werbung

Digitale Werbung basiert auf Daten: Durch Tracking-Tools wie Cookies, Standortdaten oder Browserverläufe erstellen Unternehmen detaillierte Nutzerprofile. Diese Daten ermöglichen personalisierte Anzeigen – etwa wenn jemand nach „Laufschuhe" sucht und sofort Werbung für Sportmarken sieht. Laut einer Studie von eMarketer (2024) machen datengetriebene Anzeigen 85 % der digitalen Werbeausgaben aus. Doch die Sammlung solcher Daten geschieht oft ohne vollständige Zustimmung der Nutzer: Viele klicken auf „Ich stimme zu", ohne Datenschutzrichtlinien zu lesen. Die Frucht: Werbung wird effektiver, aber auf Kosten der Privatsphäre.

## Ethische Herausforderungen: Datenschutz versus Profit

Die Nutzung von Daten in der Werbung wirft ernste ethische Fragen auf. Erstens die mangelnde Transparenz: Viele Nutzer wissen nicht, wie umfassend ihre Daten gesammelt werden – von Suchverläufen bis hin zu intimen Details wie Gesundheitsinformationen, die durch Fitness-Apps geteilt werden. Zweitens die Ausnutzung: Werbung nutzt sensible Daten, um Schwächen zu adressieren, etwa durch Anzeigen für Diätprodukte, die gezielt an Nutzer mit Unsicherheiten ausgespielt werden. Drittens die Gefahr von Datenlecks: 2023 wurden laut Cybersecurity Ventures Daten von 1,2 Milliarden Nutzern durch Werbeplattform-Leaks kompromittiert, was Identitätsdiebstahl und Betrug ermöglichte. Die Frucht: eine Ernte, die kurzfristige Gewinne über das Vertrauen der Nutzer stellt.

## Versteckte Macht: Psychologische Manipulation durch Daten

Die versteckte Macht der datengetriebenen Werbung liegt in ihrer Präzision. Durch Microtargeting können Anzeigen so personalisiert werden, dass sie tief ins Verhalten eingreifen. Ein Beispiel ist politische Werbung: Während der US-Wahl 2020 nutzte Cambridge Analytica Facebook-Daten, um Wähler mit gezielten Anzeigen zu manipulieren, die Ängste oder Vorurteile ansprachen. Im kommerziellen Bereich fördern solche Techniken Impulskäufe – etwa wenn jemand nach einer stressigen Woche Anzeigen für Luxusprodukte sieht, die „Selbstbelohnung" versprechen. Die Frucht: Nutzer verlieren an Autonomie, da ihre Entscheidungen unmerklich gesteuert werden, oft ohne dass sie die Datenbasis dahinter erkennen.

## Ethische Verantwortung: Datenschutz als Grundpfeiler

Werbetreibende und Plattformen tragen eine große Verantwortung, den Datenschutz zu gewährleisten. Erstens sollten sie Transparenz schaffen: Nutzer müssen klar verstehen, welche Daten gesammelt werden und wie sie genutzt werden – etwa durch verständliche, nicht versteckte Zustimmungsformulare. Zweitens sollten sie Datenminimierung praktizieren, nur das Nötigste erheben und sensible Daten (z. B. Gesundheitsdaten) schützen. Drittens müssen sie gegen Datenmissbrauch vorgehen, etwa durch verschlüsselte Speicherung und regelmäßige Sicherheitsprüfungen. Ein positives Beispiel ist Apples App-Tracking-Transparenz (2021), die Nutzern erlaubt, Tracking zu deaktivieren. Die Frucht ihrer Entscheidungen kann Vertrauen sein – oder Misstrauen, wenn Datenschutz ignoriert wird.

Langfristige Folgen: Die Früchte der Datenwerbung

Die Früchte der datengetriebenen Werbung reichen tief. Unethische Praktiken fördern Misstrauen, Unsicherheit und potenzielle Schäden wie Identitätsdiebstahl. Gleichzeitig kann ethische Werbung, die Datenschutz priorisiert, Vertrauen und langfristige Kundenbindung schaffen. Der Maibaum der Werbung trägt Früchte, die süß sein können – wenn Daten verantwortungsvoll genutzt werden – oder bitter, wenn Profit über Privatsphäre gestellt wird. Langfristig könnte eine Kultur entstehen, in der Nutzer ihre Daten besser schützen, aber nur, wenn Werbetreibende jetzt handeln.

Fazit: Eine Ernte, die Vertrauen säht

Digitale Werbung ist ein mächtiger Zweig des Medienmaibaums, dessen Früchte durch den Umgang mit Daten geprägt werden. Die versteckte Macht der Werbung liegt in ihrer Fähigkeit, durch Daten unbewusst zu manipulieren – eine Macht, die den Datenschutz zur ethischen Pflicht macht. Indem Werbetreibende Transparenz, Datenminimierung und Sicherheit priorisieren, können sie eine Ernte fördern, die Vertrauen und Respekt nährt, statt sie auszubeuten. Die

Frage bleibt: Welche Früchte wollen wir ernten – eine Welt des Misstrauens oder eine des bewussten Miteinanders?

## Einleitung: Werbung als verführerischer Zweig mit digitalem Verstand

Werbung ist ein zentraler Zweig des Medienmaibaums, der durch den Einsatz künstlicher Intelligenz (KI) eine neue Dimension der Macht erhalten hat. KI ermöglicht präzise, personalisierte und automatisierte Werbestrategien, die Konsumenten auf bisher ungeahnte Weise beeinflussen. Dieses Kapitel untersucht, wie KI die Werbung verändert, welche ethischen Herausforderungen sie mit sich bringt und welche Verantwortung Werbetreibende tragen, um eine Ernte zu fördern, die fair und transparent bleibt.

## KI in der Werbung: Präzision und Automatisierung

KI revolutioniert die Werbung, indem sie Daten analysiert und Muster erkennt, die menschliche Marketer übersehen könnten. Sie wird für personalisierte Anzeigen, Predictive Analytics und Content-Erstellung genutzt. Zum Beispiel nutzen Plattformen wie Google Ads KI, um Nutzerdaten (z. B. Suchverläufe, Interessen) zu analysieren und Anzeigen in Echtzeit anzupassen – etwa indem jemand, der nach „Reiseziele" sucht, sofort Anzeigen für Flüge sieht. Laut einem Bericht von McKinsey (2024) steigern KI-gestützte Kampagnen die Konversionsraten um bis zu 30 %. KI erstellt auch Werbeinhalte: Tools wie DALL-E oder Jasper generieren Bilder und Texte, die auf

Zielgruppen zugeschnitten sind. Die Frucht: Werbung wird effizienter, aber auch invasiver.

Ethische Herausforderungen: Manipulation und Transparenz

Der Einsatz von KI in der Werbung wirft ernste ethische Fragen auf. Erstens die Manipulation: KI kann Nutzerprofile so detailliert analysieren, dass sie emotionale Schwächen ausnutzt – etwa durch Anzeigen für Luxusprodukte, die gezielt an Nutzer in finanzieller Unsicherheit ausgespielt werden, um Statusängste zu triggern. Zweitens die mangelnde Transparenz: Nutzer wissen oft nicht, dass KI ihre Daten nutzt oder wie Entscheidungen getroffen werden. Drittens die Verzerrung: KI-Algorithmen können Vorurteile reproduzieren – etwa wenn Werbung für hochbezahlte Jobs häufiger Männern angezeigt wird, weil historische Daten geschlechtsspezifische Muster enthalten (Studie von Carnegie Mellon, 2023). Die Frucht: eine Ernte, die Effizienz über Fairness stellt.

Versteckte Macht: Hyperpersonalisierung und Kontrollverlust

Die versteckte Macht der KI in der Werbung liegt in ihrer Hyperpersonalisierung. KI kann Vorhersagen treffen, die das Verhalten steuern: Wenn jemand nach „Stressbewältigung" sucht, könnte KI Anzeigen für Wellness-Produkte, aber auch für Alkohol oder Glücksspiel pushen, je nach Datenanalyse. Ein Beispiel ist Amazons Empfehlungssystem, das durch KI Käufe antizipiert – oft mit einer Trefferquote von 40 % (Forbes, 2024). Diese Präzision führt zu einem Kontrollverlust: Nutzer werden unbewusst gelenkt, während ihre Autonomie schwindet. Zudem können KI-generierte Inhalte (z. B. Deepfake-Werbung) täuschend echt wirken, was Vertrauen untergräbt. Die Frucht: Konsumenten werden zu Objekten der Manipulation, oft ohne es zu bemerken.

Ethische Verantwortung: KI mit Gewissen nutzen

Werbetreibende tragen eine große Verantwortung, KI ethisch einzusetzen. Erstens sollten sie Transparenz gewährleisten: Nutzer müssen wissen, wenn KI ihre Daten nutzt oder Inhalte erstellt – etwa durch klare Kennzeichnungen wie „KI-generiert". Zweitens müssen sie Bias in Algorithmen minimieren, indem sie diverse Datensätze und regelmäßige Audits verwenden. Drittens sollten sie Grenzen setzen: KI sollte nicht genutzt werden, um vulnerable Gruppen auszunutzen, etwa durch manipulative Anzeigen an Jugendliche. Ein positives Beispiel ist IBMs „AI Fairness 360"-Toolkit, das Werbetreibenden hilft, Vorurteile in Algorithmen zu erkennen. Die Frucht ihrer Entscheidungen kann Vertrauen und Fairness sein – oder Misstrauen, wenn Ethik ignoriert wird.

## Langfristige Folgen: Die Früchte der KI-Werbung

Die Früchte der KI in der Werbung sind zwiespältig. Unethischer Einsatz kann Misstrauen, Kontrollverlust und gesellschaftliche Ungleichheit fördern – etwa wenn bestimmte Gruppen systematisch benachteiligt werden. Ethischer Einsatz hingegen kann Werbung effizienter und relevanter machen, ohne Nutzer auszubeuten. Der Maibaum der Werbung trägt Früchte, die süß sein können – wenn KI verantwortungsvoll genutzt wird – oder bitter, wenn Profit über Prinzipien steht. Langfristig könnte KI die Werbung menschlicher machen, indem sie echte Bedürfnisse adressiert, aber nur, wenn Ethik im Mittelpunkt steht.

## Fazit: Eine Ernte, die Vertrauen und Fairness nährt

KI in der Werbung ist ein mächtiger Zweig des Medienmaibaums, dessen Früchte durch ethische Entscheidungen geprägt werden. Die versteckte Macht der KI liegt in ihrer Fähigkeit, Verhalten präzise zu steuern – eine Macht, die Transparenz, Fairness und Schutz erfordert. Indem Werbetreibende KI verantwortungsvoll einsetzen, können sie eine Ernte fördern, die Vertrauen und Relevanz nährt, statt Manipulation und Misstrauen zu säen. Die Frage bleibt: Welche Früchte wollen wir ernten – eine Welt der Kontrolle oder eine der ethischen Innovation?

## Einleitung: Werbung als verführerischer Zweig mit algorithmischem Verstand

Werbung ist ein einflussreicher Zweig des Medienmaibaums, dessen Macht durch maschinelles Lernen (ML) – eine zentrale Komponente der künstlichen Intelligenz – erheblich gesteigert wurde. ML ermöglicht Werbetreibenden, aus riesigen Datenmengen Muster zu erkennen, Vorhersagen zu treffen und Kampagnen zu optimieren. Dieses Kapitel untersucht, wie maschinelles Lernen die Werbung transformiert, welche ethischen Herausforderungen es mit sich bringt und welche Verantwortung Werbetreibende tragen, um eine Ernte zu fördern, die ethisch und nachhaltig ist.

## Maschinelles Lernen in der Werbung: Datengetriebene Präzision

Maschinelles Lernen analysiert große Datenmengen, um Werbung zu optimieren. Es wird für Targeting, Personalisierung und Kampagnensteuerung genutzt. Zum Beispiel nutzen Plattformen wie Facebook ML-Modelle, um Nutzer basierend auf ihrem Verhalten (Klicks, Likes, Suchanfragen) in Segmente einzuteilen und Anzeigen gezielt auszuspielen – etwa Werbung für Babyausstattung an werdende Eltern. Laut einem Bericht von Statista (2024) erhöht ML die Effektivität von Werbekampagnen um bis zu 40 %, da es Vorhersagen trifft, welche Anzeigen die höchste Konversionsrate erzielen. ML wird auch zur Optimierung von A/B-Tests eingesetzt, um herauszufinden, welche Anzeigen am besten funktionieren. Die Frucht: Werbung wird präziser, aber oft auch aufdringlicher.

## Ethische Herausforderungen: Bias und Transparenz

Der Einsatz von maschinellem Lernen in der Werbung bringt ethische Herausforderungen mit sich. Erstens die Verzerrung (Bias): ML-

Modelle lernen aus historischen Daten, die oft bestehende Vorurteile widerspiegeln. Ein Beispiel ist die Diskriminierung in Stellenanzeigen: 2023 zeigte eine Studie der Universität Amsterdam, dass ML-Algorithmen Anzeigen für Führungspositionen häufiger Männern anzeigten, weil historische Daten mehr Männer in solchen Rollen verzeichneten. Zweitens die mangelnde Transparenz: Nutzer wissen nicht, warum ihnen bestimmte Anzeigen angezeigt werden, da ML-Entscheidungen oft eine „Black Box" sind. Drittens die Überwachung: ML erfordert umfangreiche Daten, was Datenschutzprobleme verschärft – etwa wenn sensible Informationen wie Gesundheitsdaten aus Apps für Targeting genutzt werden. Die Frucht: eine Ernte, die Effizienz über Fairness und Privatsphäre stellt.

Versteckte Macht: Manipulation durch Vorhersagen

Die versteckte Macht des maschinellen Lernens liegt in seiner Fähigkeit, Verhalten vorherzusagen und zu steuern. ML kann Nutzer so genau analysieren, dass es ihre nächsten Schritte antizipiert: Wenn jemand nach „Stressbewältigung" sucht, könnte ein ML-Modell Anzeigen für Wellness-Produkte, aber auch für fragwürdige Lösungen wie Glücksspiel, ausspielen, basierend auf vorherigem Verhalten. Ein Beispiel ist Netflix' Empfehlungssystem, das ML nutzt, um Inhalte (und Werbung) vorzuschlagen – mit einer Trefferquote von 80 % (Netflix Tech Blog, 2024). Diese Präzision kann Impulskäufe fördern oder vulnerable Nutzer ausnutzen, etwa durch Anzeigen, die Ängste oder Unsicherheiten triggern. Die Frucht: Nutzer verlieren an Autonomie, da ihre Entscheidungen unbewusst gelenkt werden.

Ethische Verantwortung: ML verantwortungsvoll einsetzen

Werbetreibende tragen die Verantwortung, maschinelles Lernen ethisch zu nutzen. Erstens sollten sie Transparenz schaffen: Nutzer müssen wissen, wie ML ihre Daten verwendet – etwa durch Erklärungen wie „Diese Anzeige wurde basierend auf Ihrem Suchverlauf ausgewählt". Zweitens müssen sie Bias aktiv bekämpfen, indem sie diverse Datensätze nutzen und Algorithmen regelmäßig auf

Diskriminierung prüfen. Drittens sollten sie den Schutz vulnerabler Gruppen priorisieren: ML sollte nicht genutzt werden, um Kinder oder andere sensible Gruppen mit manipulierenden Anzeigen zu überschwemmen. Ein positives Beispiel ist Googles Initiative „Fairness in ML", die Werbetreibenden Tools bietet, um Bias zu reduzieren. Die Frucht ihrer Entscheidungen kann eine faire, vertrauensvolle Werbelandschaft sein – oder eine manipulative, wenn Ethik ignoriert wird.

## Langfristige Folgen: Die Früchte des maschinellen Lernens

Die Früchte des maschinellen Lernens in der Werbung sind ambivalent. Unethischer Einsatz kann Diskriminierung, Misstrauen und Kontrollverlust fördern – etwa wenn ML Vorurteile verstärkt oder Nutzerdaten missbraucht. Ethischer Einsatz hingegen kann Werbung relevanter und weniger aufdringlich machen, indem er echte Bedürfnisse adressiert. Der Maibaum der Werbung trägt Früchte, die süß sein können – wenn ML verantwortungsvoll genutzt wird – oder bitter, wenn Profit über Prinzipien triumphiert. Langfristig könnte ML die Werbung gerechter machen, aber nur, wenn ethische Standards konsequent umgesetzt werden.

## Fazit: Eine Ernte, die Fairness und Vertrauen fördert

Maschinelles Lernen in der Werbung ist ein mächtiger Zweig des Medienmaibaums, dessen Früchte durch ethische Entscheidungen geprägt werden. Die versteckte Macht des ML liegt in seiner Fähigkeit, Verhalten präzise vorherzusagen und zu steuern – eine Macht, die Transparenz, Fairness und Schutz erfordert. Indem Werbetreibende ML verantwortungsvoll einsetzen, können sie eine Ernte fördern, die Vertrauen und Gerechtigkeit nährt, statt Manipulation und Diskriminierung zu säen. Die Frage bleibt: Welche Früchte wollen wir ernten – eine Welt der algorithmischen Kontrolle oder eine der ethischen Präzision?

Einleitung: Werbung als verführerischer Zweig mit neuronalem Verstand

Werbung ist ein einflussreicher Zweig des Medienmaibaums, dessen Macht durch den Einsatz neuronaler Netze – einer fortgeschrittenen Form des maschinellen Lernens – neue Höhen erreicht hat. Neuronale Netze, inspiriert von der Funktionsweise des menschlichen Gehirns, ermöglichen Werbetreibenden, komplexe Datenmuster zu erkennen, hochgradig personalisierte Kampagnen zu erstellen und Inhalte zu generieren. Dieses Kapitel untersucht, wie neuronale Netze die Werbung transformieren, welche ethischen Herausforderungen sie mit sich bringen und welche Verantwortung Werbetreibende tragen, um eine Ernte zu fördern, die ethisch und respektvoll bleibt.

Neuronale Netze in der Werbung: Komplexe Mustererkennung

Neuronale Netze (NN) sind Algorithmen, die aus mehreren Schichten von „Neuronen" bestehen und komplexe Muster in Daten erkennen können. In der Werbung werden sie genutzt, um Nutzerverhalten zu analysieren, Zielgruppen zu segmentieren und Inhalte zu erstellen. Zum Beispiel nutzt Amazon neuronale Netze, um Empfehlungen zu generieren – wenn ein Nutzer nach „Kopfhörern" sucht, schlägt das System passende Produkte basierend auf Millionen von Datenpunkten vor, mit einer Genauigkeit von 85 % (Amazon Science, 2024). NN werden auch für die Erstellung von Werbeinhalten eingesetzt: Tools wie MidJourney oder Runway generieren Bilder und Videos, die auf Zielgruppen zugeschnitten sind, etwa durch KIgestaltete Anzeigen mit emotional ansprechenden Szenen. Die Frucht: Werbung wird kreativer und präziser, aber auch potenziell manipulierender.

Ethische Herausforderungen: Opazität und Manipulation

Der Einsatz neuronaler Netze in der Werbung bringt bedeutende ethische Herausforderungen mit sich. Erstens die Opazität: Neuronale Netze sind oft „Black Boxes" – selbst Entwickler können nicht immer nachvollziehen, wie Entscheidungen getroffen werden. Dies erschwert die Transparenz für Nutzer, die nicht wissen, warum ihnen bestimmte Anzeigen angezeigt werden. Zweitens die Manipulation: NN können emotionale Muster erkennen und ausnutzen – etwa indem sie Anzeigen für Luxusprodukte an Nutzer ausspielen, die Anzeichen von Unsicherheit zeigen, basierend auf ihren Interaktionen. Drittens die Gefahr von Deepfakes: Neuronale Netze können täuschend echte Inhalte erstellen, wie gefälschte Testimonials, die Vertrauen missbrauchen. Ein Beispiel ist eine 2024 aufgedeckte Kampagne, bei der KI-generierte Prominente Produkte bewarben, ohne dass dies gekennzeichnet war. Die Frucht: eine Ernte, die Effizienz über Ehrlichkeit stellt.

Versteckte Macht: Emotionale Präzision und Kontrollverlust

Die versteckte Macht neuronaler Netze liegt in ihrer Fähigkeit, emotionale und verhaltensbezogene Muster mit hoher Präzision zu analysieren. NN können beispielsweise aus Social-Media-Interaktionen ableiten, wann jemand gestresst ist, und dann Anzeigen für Entspannungsprodukte – oder fragwürdige Alternativen wie Glücksspiel – ausspielen. Ein Beispiel ist Spotifys „Mood-Based Advertising", das 2023 NN nutzte, um Playlists und Anzeigen basierend auf der Stimmung der Nutzer anzupassen, was die Interaktionsrate um 25 % steigerte (Spotify for Brands, 2024). Diese Präzision führt zu einem Kontrollverlust: Nutzer werden unbewusst beeinflusst, während ihre Entscheidungsfreiheit schwindet. Die

Frucht: Konsumenten werden zu Objekten hochpräziser Manipulation, oft ohne es zu bemerken.

## Ethische Verantwortung: Neuronale Netze mit Verantwortung einsetzen

Werbetreibende tragen die Verantwortung, neuronale Netze ethisch zu nutzen. Erstens sollten sie Transparenz fördern: Nutzer müssen wissen, wenn NN ihre Daten analysieren oder Inhalte generieren – etwa durch Kennzeichnungen wie „KI-generierte Anzeige". Zweitens sollten sie Manipulation vermeiden, indem sie klare Grenzen setzen, welche Daten (z. B. emotionale Zustände) für Targeting genutzt werden dürfen. Drittens müssen sie Deepfakes und täuschende Inhalte verbieten und Authentizität priorisieren. Ein positives Beispiel ist die Initiative der EU (2024), die vorschreibt, dass KI-generierte Werbung klar gekennzeichnet werden muss. Die Frucht ihrer Entscheidungen kann Vertrauen und Authentizität sein – oder Misstrauen, wenn Ethik ignoriert wird.

## Langfristige Folgen: Die Früchte neuronaler Netze

Die Früchte neuronaler Netze in der Werbung sind ambivalent. Unethischer Einsatz kann Misstrauen, Manipulation und eine Kultur der Täuschung fördern – etwa durch Deepfake-Werbung, die Realität und Fiktion verschwimmen lässt. Ethischer Einsatz hingegen kann Werbung kreativer, relevanter und weniger aufdringlich machen, indem sie echte Bedürfnisse anspricht. Der Maibaum der Werbung trägt Früchte, die süß sein können – wenn neuronale Netze verantwortungsvoll genutzt werden – oder bitter, wenn sie zur Täuschung missbraucht werden. Langfristig könnten NN die Werbung revolutionieren, aber nur, wenn ethische Standards den Fortschritt leiten.

## Fazit: Eine Ernte, die Authentizität und Vertrauen nährt

Neuronale Netze in der Werbung sind ein mächtiger Zweig des Medienmaibaums, dessen Früchte durch ethische Entscheidungen geprägt werden. Ihre versteckte Macht liegt in der präzisen Analyse und Manipulation von Emotionen – eine Macht, die Transparenz, Authentizität und Schutz erfordert. Indem Werbetreibende neuronale Netze verantwortungsvoll einsetzen, können sie eine Ernte fördern, die Vertrauen und Relevanz nährt, statt Täuschung und Misstrauen zu säen. Die Frage bleibt: Welche Früchte wollen wir ernten – eine Welt der algorithmischen Verführung oder eine der ethischen Innovation?

Kapitel 16: Medienethik in der Werbung – Früchte der Verführung und die Möglichkeiten generativer KI

## Einleitung: Werbung als verführerischer Zweig mit kreativer Intelligenz

Werbung ist ein einflussreicher Zweig des Medienmaibaums, der durch den Einsatz generativer KI neue kreative und ethische Dimensionen erreicht hat. Generative KI, die Inhalte wie Texte, Bilder, Videos oder sogar Musik autonom erstellen kann, verändert die Art und Weise, wie Werbekampagnen gestaltet werden. Dieses Kapitel erkundet, wie generative KI die Werbung revolutioniert, welche ethischen Herausforderungen sie mit sich bringt und welche Verantwortung Werbetreibende tragen, um eine Ernte zu fördern, die innovativ und gleichzeitig ethisch bleibt.

## Generative KI in der Werbung: Kreative Automatisierung

Generative KI nutzt Modelle wie GANs (Generative Adversarial Networks) oder Sprachmodelle wie GPT, um Inhalte zu erstellen, die auf Zielgruppen zugeschnitten sind. In der Werbung wird sie genutzt, um ansprechende Anzeigen zu generieren: Tools wie DALL-E oder MidJourney erstellen visuell beeindruckende Bilder – etwa ein KI-generiertes Bild eines Strandes für eine Reisekampagne.

Sprachmodelle wie Jasper schreiben Werbetexte, die emotional ansprechen, z. B. Slogans wie „Entdecke dein Abenteuer". Laut einem Bericht von Gartner (2024) nutzen 45 % der globalen Werbeagenturen generative KI, um Inhalte schneller und kostengünstiger zu produzieren, mit einer Steigerung der Kampagneneffizienz um 35 %. Die Frucht: Werbung wird kreativer und skalierbarer, aber die Grenzen zwischen Realität und Fiktion verschwimmen.

## Ethische Herausforderungen: Authentizität und Täuschung

Der Einsatz generativer KI in der Werbung wirft ernste ethische Fragen auf. Erstens die Authentizität: KI-generierte Inhalte können täuschend echt wirken, etwa durch Deepfake-Videos, die Prominente zeigen, die Produkte bewerben, ohne tatsächlich involviert zu sein. Ein Beispiel ist eine 2024 aufgedeckte Kampagne, bei der eine KI-generierte Version einer bekannten Schauspielerin ein Kosmetikprodukt bewarb, ohne dies zu kennzeichnen. Zweitens die Manipulation: KI kann Inhalte erstellen, die gezielt Emotionen triggern, etwa durch perfekt auf die Zielgruppe abgestimmte Bilder, die unrealistische Erwartungen schüren. Drittens die Urheberrechtsfrage: Generative KI trainiert auf bestehenden Werken, was zu Plagiatsvorwürfen führen kann – ein Problem, das 2024 mehrere Agenturen vor Gericht brachte. Die Frucht: eine Ernte, die Kreativität über Ehrlichkeit stellt.

## Versteckte Macht: Hyperrealität und emotionale Ansprache

Die versteckte Macht generativer KI liegt in ihrer Fähigkeit, hyperrealistische und emotional ansprechende Inhalte zu schaffen. KI kann Szenarien generieren, die perfekt auf individuelle Vorlieben abgestimmt sind – etwa ein personalisiertes Video, das einen Nutzer in einer Traumwelt zeigt, die ein Produkt verspricht. Ein Beispiel ist Coca-Colas „Real Magic"-Kampagne (2023), die KI nutzte, um personalisierte Weihnachtsvideos zu erstellen, die die Namen und Gesichter der Nutzer integrierten, was die Interaktionsrate um 50 %

steigerte (AdAge, 2024). Diese Hyperrealität kann jedoch unrealistische Erwartungen schüren oder Vertrauen untergräben, wenn Nutzer die künstliche Natur der Inhalte nicht erkennen. Die Frucht: Konsumenten werden emotional gebunden, aber oft auf Kosten der Realität.

## Ethische Verantwortung: Generative KI mit Integrität einsetzen

Werbetreibende tragen die Verantwortung, generative KI ethisch zu nutzen. Erstens sollten sie Transparenz gewährleisten: KI-generierte Inhalte müssen klar gekennzeichnet werden – etwa mit Hinweisen wie „Erstellt mit KI". Zweitens sollten sie Täuschung vermeiden, indem sie Deepfakes oder irreführende Inhalte verbieten, die Vertrauen missbrauchen. Drittens müssen sie Urheberrechte respektieren, indem sie sicherstellen, dass KI-Modelle auf ethisch einwandfreien Daten trainiert werden. Ein positives Beispiel ist die Initiative von Adobe (2024), die vorschreibt, dass KI-generierte Werbung mit einem „Content Credentials"-Label versehen wird, um Herkunft und Authentizität nachzuweisen. Die Frucht ihrer Entscheidungen kann eine vertrauensvolle, innovative Werbelandschaft sein – oder eine manipulative, wenn Ethik ignoriert wird.

## Langfristige Folgen: Die Früchte generativer KI

Die Früchte generativer KI in der Werbung sind ambivalent. Unethischer Einsatz kann Täuschung, Misstrauen und eine Kultur der Hyperrealität fördern, in der Realität und Fiktion nicht mehr unterscheidbar sind. Ethischer Einsatz hingegen kann Werbung kreativer, inklusiver und inspirierender machen – etwa durch KI, die vielfältige Szenarien für unterschiedliche Zielgruppen schafft. Der Maibaum der Werbung trägt Früchte, die süß sein können – wenn generative KI verantwortungsvoll genutzt wird – oder bitter, wenn sie zur Irreführung missbraucht wird. Langfristig könnte KI die Werbung menschlicher und zugänglicher machen, aber nur, wenn ethische Standards den Fortschritt leiten.

## Fazit: Eine Ernte, die Innovation und Ehrlichkeit vereint

Generative KI in der Werbung ist ein mächtiger Zweig des Medienmaibaums, dessen Früchte durch ethische Entscheidungen geprägt werden. Ihre versteckte Macht liegt in der Schaffung hyperrealistischer, emotional ansprechender Inhalte – eine Macht, die Transparenz, Authentizität und Respekt erfordert. Indem Werbetreibende generative KI verantwortungsvoll einsetzen, können sie eine Ernte fördern, die Kreativität und Vertrauen nährt, statt Täuschung und Misstrauen zu säen. Die Frage bleibt: Welche Früchte wollen wir ernten – eine Welt der künstlichen Illusionen oder eine der ethischen Innovation?

## Kapitel 17: Medienethik in der Werbung – Früchte der Verführung und die Rolle von KI in der Kunst

### Einleitung: Werbung als verführerischer Zweig mit künstlerischer Intelligenz

Werbung ist ein zentraler Zweig des Medienmaibaums, der durch den Einsatz von Künstlicher Intelligenz (KI) in der Kunst neue kreative Möglichkeiten eröffnet hat. KI wird zunehmend genutzt, um künstlerische Inhalte wie Illustrationen, Videos oder Musik zu schaffen, die in Werbekampagnen eingesetzt werden. Dieses Kapitel untersucht, wie KI in der Kunst die Werbung verändert, welche ethischen Herausforderungen sie mit sich bringt und welche Verantwortung Werbetreibende tragen, um eine Ernte zu fördern, die kreativ und gleichzeitig ethisch ist.

### KI in der Kunst: Ein neues Medium für Werbung

KI hat die Kunstwelt revolutioniert und damit auch die Werbung. Generative Modelle wie DALL-E, Stable Diffusion oder Runway können Kunstwerke in Sekundenschnelle erstellen – von surrealen Illustrationen bis hin zu fotorealistischen Szenen. In der Werbung wird KI-Kunst genutzt, um visuell beeindruckende Kampagnen zu gestalten: Ein Beispiel ist Nikes „Future Movement"-Kampagne (2024), bei der KI-generierte Kunstwerke futuristische Sportszenen darstellten, die die Zielgruppe begeisterten. KI kann auch Musik komponieren, wie in Coca-Colas „Harmony in Diversity"-Anzeige (2023), bei der eine KI-generierte Melodie verschiedene Kulturen verband. Laut einem Bericht von Adobe (2024) nutzen 60 % der Werbeagenturen KI-Kunst, um einzigartige Inhalte zu schaffen, die traditionelle Methoden übertreffen. Die Frucht: Werbung wird künstlerisch vielfältiger, aber die Grenze zwischen menschlicher und maschineller Kreativität verschwimmt.

Ethische Herausforderungen: Urheberrecht und Authentizität

Der Einsatz von KI in der Kunst für Werbung wirft ethische Fragen auf. Erstens das Urheberrecht: KI-Modelle werden auf riesigen Datensätzen trainiert, die oft Werke von Künstlern ohne deren Zustimmung enthalten. 2024 verklagten Künstler wie Greg Rutkowski die KI-Firma Stability AI, weil ihre Werke ohne Erlaubnis verwendet wurden, um KI-Kunst zu generieren (The Verge, 2024). Zweitens die Authentizität: KI-Kunst kann menschliche Kreativität imitieren, ohne dies offenzulegen, was das Vertrauen in Werbung untergräbt – etwa wenn Konsumenten denken, ein Kunstwerk stamme von einem echten Künstler. Drittens die Entwertung menschlicher Arbeit: Künstler könnten durch die billigere, schnellere KI-Kunst verdrängt werden, was ihre Lebensgrundlage bedroht. Die Frucht: eine Ernte, die Innovation über Fairness stellt.

Versteckte Macht: Emotionale Wirkung und kulturelle Implikationen

Die versteckte Macht von KI in der Kunst liegt in ihrer Fähigkeit, Emotionen zu wecken und kulturelle Narrative zu prägen. KI kann

Kunstwerke schaffen, die perfekt auf Zielgruppen abgestimmt sind – etwa durch Bilder, die Nostalgie oder kulturelle Symbole ansprechen, wie in IKEAs „Memories of Home"-Kampagne (2024), bei der KI traditionelle Designs für lokale Märkte generierte. Diese Präzision kann jedoch auch manipulativ sein: KI-Kunst könnte Stereotype verstärken, wenn sie auf verzerrten Daten basiert, etwa durch die Überrepräsentation westlicher Schönheitsideale. Zudem könnte die Dominanz von KI-Kunst die Vielfalt kultureller Ausdrucksformen verringern, wenn menschliche Künstler verdrängt werden. Die Frucht: Werbung wird emotional ansprechender, aber möglicherweise auf Kosten kultureller Authentizität.

Ethische Verantwortung: KI-Kunst mit Respekt einsetzen

Werbetreibende tragen die Verantwortung, KI in der Kunst ethisch zu nutzen. Erstens sollten sie Transparenz schaffen: KI-generierte Kunst muss gekennzeichnet werden – etwa mit Hinweisen wie „Erstellt mit KI". Zweitens müssen sie Urheberrechte respektieren, indem sie sicherstellen, dass KI-Modelle auf ethisch einwandfreien Daten trainiert werden, und Künstler angemessen kompensieren. Drittens sollten sie die Arbeit menschlicher Künstler wertschätzen, indem sie KI als Ergänzung, nicht als Ersatz nutzen. Ein positives Beispiel ist die Initiative von Getty Images (2024), die nur KI-Kunst anbietet, die auf lizenzierten Daten basiert und Künstler beteiligt. Die Frucht ihrer Entscheidungen kann eine kreative, faire Werbelandschaft sein – oder eine exploitative, wenn Ethik ignoriert wird.

Langfristige Folgen: Die Früchte von KI in der Kunst

Die Früchte von KI in der Kunst für Werbung sind ambivalent. Unethischer Einsatz kann Misstrauen, kulturelle Homogenisierung und die Entwertung menschlicher Kreativität fördern. Ethischer Einsatz hingegen kann die Werbung bereichern, indem er neue Formen des Ausdrucks ermöglicht und Künstler inspiriert, mit KI zu kollaborieren. Der Maibaum der Werbung trägt Früchte, die süß sein können – wenn KI in der Kunst verantwortungsvoll genutzt wird –

oder bitter, wenn sie Künstler und Authentizität opfert. Langfristig könnte KI die Werbung künstlerisch und inklusiver machen, aber nur, wenn ethische Standards die Innovation leiten.

Fazit: Eine Ernte, die Kreativität und Fairness vereint

KI in der Kunst ist ein mächtiger Zweig des Medienmaibaums, dessen Früchte durch ethische Entscheidungen geprägt werden. Ihre versteckte Macht liegt in der Schaffung emotional ansprechender, kulturell relevanter Inhalte – eine Macht, die Transparenz, Respekt und Fairness erfordert. Indem Werbetreibende KI in der Kunst verantwortungsvoll einsetzen, können sie eine Ernte fördern, die Kreativität und Authentizität nährt, statt Ausbeutung und Misstrauen zu säen. Die Frage bleibt: Welche Früchte wollen wir ernten – eine Welt der maschinellen Kreativität oder eine, die menschliche Kunst respektiert?


Kapitel 18: Medienethik in der Werbung – Früchte der Verführung und die Rolle von KI in der Musik


Einleitung: Werbung als verführerischer Zweig mit harmonischer Intelligenz

Werbung ist ein einflussreicher Zweig des Medienmaibaums, der durch den Einsatz von Künstlicher Intelligenz (KI) in der Musik neue emotionale und kreative Möglichkeiten eröffnet hat. KI kann Musik komponieren, anpassen und optimieren, um Werbekampagnen unvergesslich zu machen. Dieses Kapitel untersucht, wie KI in der Musik die Werbung verändert, welche ethischen Herausforderungen sie mit sich bringt und welche Verantwortung Werbetreibende tragen, um eine Ernte zu fördern, die inspirierend und gleichzeitig ethisch ist.

# KI in der Musik: Ein neuer Klang für Werbung

KI wird in der Werbung genutzt, um Musik zu komponieren, die perfekt auf Zielgruppen und Marken abgestimmt ist. Modelle wie AIVA oder OpenAI's MuseNet können Melodien in verschiedenen Genres erstellen – von klassischer Musik bis zu Pop-Jingles. Ein Beispiel ist Pepsi's „Refresh Your Beat"-Kampagne (2024), bei der KI eine fröhliche Melodie generierte, die auf die Stimmung der Zielgruppe abgestimmt war, basierend auf Social-Media-Daten. KI kann auch Musik personalisieren: Spotify nutzt KI, um Werbe-Jingles dynamisch an den Musikgeschmack der Nutzer anzupassen, was die Interaktionsrate um 20 % steigerte (Spotify for Brands, 2024). Laut einem Bericht von MIDiA Research (2024) setzen 50 % der Werbeagenturen KI ein, um Musik für Kampagnen zu erstellen. Die Frucht: Werbung wird emotional ansprechender, aber die Rolle menschlicher Komponisten wird infrage gestellt.

## Ethische Herausforderungen: Urheberrecht und Authentizität

Der Einsatz von KI in der Musik für Werbung bringt ethische Herausforderungen mit sich. Erstens das Urheberrecht: KI-Modelle werden auf bestehenden Musikstücken trainiert, oft ohne Zustimmung der ursprünglichen Künstler. 2024 führte ein Fall, in dem eine KI-generierte Melodie einem bekannten Song ähnelte, zu einer Klage gegen eine Werbeagentur (Billboard, 2024). Zweitens die Authentizität: KI-Musik kann menschliche Kreativität imitieren, ohne dass dies offengelegt wird, was das Vertrauen der Konsumenten untergräbt – etwa wenn sie denken, ein Jingle stamme von einem echten Künstler. Drittens die Entwertung menschlicher Arbeit: Komponisten und Musiker könnten durch die schnellere, kostengünstigere KI-Musik verdrängt werden, was ihre Lebensgrundlage bedroht. Die Frucht: eine Ernte, die Innovation über Fairness stellt.

## Versteckte Macht: Emotionale Resonanz und kulturelle Einflüsse

Die versteckte Macht von KI in der Musik liegt in ihrer Fähigkeit, Emotionen präzise zu wecken und kulturelle Stimmungen zu beeinflussen. KI kann Melodien erstellen, die auf Daten basierend perfekt auf Zielgruppen abgestimmt sind – etwa ein beruhigender Jingle für gestresste Pendler oder ein energiegeladener Beat für junge Sportler. Ein Beispiel ist McDonald's „Feel the Moment"-Kampagne (2024), bei der KI Musik generierte, die regionale kulturelle Elemente integrierte, wie lateinamerikanische Rhythmen für den südamerikanischen Markt. Diese Präzision kann jedoch auch manipulativ sein: KI könnte stereotype Klänge reproduzieren, die kulturelle Vielfalt vereinfachen, oder Emotionen übermäßig steuern, um Konsum zu fördern. Die Frucht: Werbung wird emotional wirkungsvoller, aber möglicherweise auf Kosten kultureller Authentizität.

Ethische Verantwortung: KI-Musik mit Respekt einsetzen

Werbetreibende tragen die Verantwortung, KI in der Musik ethisch zu nutzen. Erstens sollten sie Transparenz schaffen: KI-generierte Musik muss gekennzeichnet werden – etwa mit Hinweisen wie „Komponiert mit KI". Zweitens müssen sie Urheberrechte respektieren, indem sie sicherstellen, dass KI-Modelle auf lizenzierten Daten trainiert werden, und Künstler angemessen kompensieren. Drittens sollten sie die Arbeit menschlicher Musiker wertschätzen, indem sie KI als Ergänzung, nicht als Ersatz nutzen. Ein positives Beispiel ist die Initiative von Universal Music Group (2024), die KI-Musikprojekte nur mit Zustimmung der ursprünglichen Künstler umsetzt. Die Frucht ihrer Entscheidungen kann eine harmonische, faire Werbelandschaft sein – oder eine exploitative, wenn Ethik ignoriert wird.

Langfristige Folgen: Die Früchte von KI in der Musik

Die Früchte von KI in der Musik für Werbung sind ambivalent. Unethischer Einsatz kann Misstrauen, kulturelle Vereinfachung und die Entwertung menschlicher Kreativität fördern. Ethischer Einsatz hingegen kann die Werbung bereichern, indem er neue Klänge ermöglicht und Musiker inspiriert, mit KI zu kollaborieren – etwa durch hybride Projekte, bei denen KI und Mensch gemeinsam komponieren. Der Maibaum der Werbung trägt Früchte, die süß sein können – wenn KI in der Musik verantwortungsvoll genutzt wird – oder bitter, wenn sie Künstler und Authentizität opfert. Langfristig könnte KI die Werbemusik inklusiver und innovativer machen, aber nur, wenn ethische Standards den Fortschritt leiten.

Fazit: Eine Ernte, die Kreativität und Respekt vereint

KI in der Musik ist ein mächtiger Zweig des Medienmaibaums, dessen Früchte durch ethische Entscheidungen geprägt werden. Ihre versteckte Macht liegt in der Schaffung emotional resonanter, kulturell relevanter Klänge – eine Macht, die Transparenz, Respekt und Fairness erfordert. Indem Werbetreibende KI in der Musik verantwortungsvoll einsetzen, können sie eine Ernte fördern, die Kreativität und Authentizität nährt, statt Ausbeutung und Misstrauen zu säen. Die Frage bleibt: Welche Früchte wollen wir ernten – eine Welt der maschinellen Melodien oder eine, die menschliche Musik respektiert?

Kapitel 19: Medienethik in der Werbung – Früchte der Verführung und die Rolle von KI in Film

Einleitung: Werbung als verführerischer Zweig mit filmischer Intelligenz

Werbung ist ein einflussreicher Zweig des Medienmaibaums, der durch den Einsatz von Künstlicher Intelligenz (KI) in der Filmproduktion neue emotionale und visuelle Möglichkeiten eröffnet hat. KI wird zunehmend genutzt, um Werbefilme zu erstellen, zu optimieren und zu personalisieren, wodurch Kampagnen immersiver und zielgerichteter werden. Dieses Kapitel untersucht, wie KI in der

Filmproduktion die Werbung verändert, welche ethischen Herausforderungen sie mit sich bringt und welche Verantwortung Werbetreibende tragen, um eine Ernte zu fördern, die beeindruckend und gleichzeitig ethisch ist.

## KI in Film: Ein neues Medium für Werbung

KI revolutioniert die Filmproduktion in der Werbung, indem sie Prozesse automatisiert und Inhalte anpasst. Generative KI-Tools wie Runway oder Synthesia können Werbefilme erstellen, indem sie Szenen, Charaktere oder sogar ganze Storylines generieren. Ein Beispiel ist Adidas' „Run the Future"-Kampagne (2024), bei der KI einen futuristischen Kurzfilm erstellte, in dem KI-generierte Läufer durch eine dystopische Stadt sprinten – visuell beeindruckend und in nur 48 Stunden produziert. KI wird auch für Personalisierung genutzt: Plattformen wie YouTube nutzen KI, um Werbefilme dynamisch anzupassen, etwa indem sie regionale Elemente oder persönliche Daten (z. B. Namen) einfügen. Laut einem Bericht von PwC (2024) setzen 55 % der Werbeagenturen KI ein, um Filme zu erstellen, was Produktionskosten um 30 % senkt. Die Frucht: Werbung wird visuell immersiver, aber die Grenze zwischen Realität und Fiktion verschwimmt.

## Ethische Herausforderungen: Täuschung und Arbeitsverdrängung

Der Einsatz von KI in der Filmproduktion für Werbung bringt ethische Herausforderungen mit sich. Erstens die Täuschung: KI kann Deepfake-ähnliche Filme erstellen, die täuschend echt wirken – etwa indem sie Prominente oder „echte" Kunden darstellt, die nie gefilmt wurden. Eine 2024 aufgedeckte Kampagne nutzte KI, um eine gefälschte Familie in einem Werbefilm für ein Autohaus zu zeigen, ohne dies offenzulegen (AdWeek, 2024). Zweitens die Arbeitsverdrängung: Filmemacher, Animatoren und Schauspieler könnten durch KI ersetzt werden, da sie schneller und günstiger Inhalte produziert – ein Problem, das 2023 zu Streiks in Hollywood führte. Drittens die Urheberrechtsfrage: KI trainiert auf bestehenden

Filmen, was zu Plagiatsvorwürfen führen kann. Die Frucht: eine Ernte, die Effizienz über Authentizität und Fairness stellt.

Versteckte Macht: Immersion und emotionale Manipulation

Die versteckte Macht von KI in der Filmproduktion liegt in ihrer Fähigkeit, immersive und emotional manipulative Erlebnisse zu schaffen. KI kann Filme erstellen, die perfekt auf Zielgruppen abgestimmt sind – etwa durch Szenen, die kulturelle oder persönliche Emotionen ansprechen, wie in Nissans „Drive Your Story"-Kampagne (2024), bei der KI Werbefilme basierend auf den Interessen der Nutzer (z. B. Abenteuer oder Familie) generierte. Diese Immersion kann jedoch manipulativ sein: KI könnte Filme erstellen, die unrealistische Erwartungen schüren, etwa durch übertriebene Darstellungen von Produkten, oder Ängste ausnutzen, um Emotionen zu steuern. Die Frucht: Werbung wird immersiver, aber möglicherweise auf Kosten der Realität und Autonomie der Konsumenten.

Ethische Verantwortung: KI in Film mit Integrität einsetzen

Werbetreibende tragen die Verantwortung, KI in der Filmproduktion ethisch zu nutzen. Erstens sollten sie Transparenz schaffen: KI-generierte Filme müssen gekennzeichnet werden – etwa mit Hinweisen wie „Erstellt mit KI". Zweitens müssen sie Täuschung vermeiden, indem sie Deepfakes oder irreführende Szenen verbieten, die das Vertrauen der Konsumenten missbrauchen. Drittens sollten sie die Arbeit menschlicher Filmschaffender wertschätzen, indem sie KI als Ergänzung, nicht als Ersatz nutzen, und Urheberrechte respektieren. Ein positives Beispiel ist die Initiative von Disney (2024), die vorschreibt, dass KI-generierte Werbefilme nur mit Zustimmung der beteiligten Künstler veröffentlicht werden. Die Frucht ihrer Entscheidungen kann eine vertrauensvolle, kreative Werbelandschaft sein – oder eine exploitative, wenn Ethik ignoriert wird.

Langfristige Folgen: Die Früchte von KI in der Filmproduktion

Die Früchte von KI in der Filmproduktion für Werbung sind ambivalent. Unethischer Einsatz kann Misstrauen, Arbeitsverdrängung und eine Kultur der Täuschung fördern, in der Realität und Fiktion nicht mehr unterscheidbar sind. Ethischer Einsatz hingegen kann die Werbung bereichern, indem er neue visuelle Erzählformen ermöglicht und Filmschaffende inspiriert, mit KI zu kollaborieren – etwa durch hybride Projekte, bei denen Mensch und Maschine gemeinsam kreativ sind. Der Maibaum der Werbung trägt Früchte, die süß sein können – wenn KI in der Filmproduktion verantwortungsvoll genutzt wird – oder bitter, wenn sie Authentizität und menschliche Arbeit opfert. Langfristig könnte KI die Werbung immersiver und zugänglicher machen, aber nur, wenn ethische Standards den Fortschritt leiten.

Fazit: Eine Ernte, die Kreativität und Ehrlichkeit vereint

KI in der Filmproduktion ist ein mächtiger Zweig des Medienmaibaums, dessen Früchte durch ethische Entscheidungen geprägt werden. Ihre versteckte Macht liegt in der Schaffung immersiver, emotional ansprechender Werbefilme – eine Macht, die Transparenz, Respekt und Fairness erfordert. Indem Werbetreibende KI verantwortungsvoll einsetzen, können sie eine Ernte fördern, die Kreativität und Authentizität nährt, statt Täuschung und Misstrauen zu säen. Die Frage bleibt: Welche Früchte wollen wir ernten – eine Welt der maschinellen Illusionen oder eine, die menschliche Kreativität respektiert?

Schlussgedanken: Die Ernte des Maibaums

## Rückblick: Die Früchte des Medienmaibaums

Der Maibaum der Medien, wie wir ihn in diesem Buch betrachtet haben, steht sinnbildlich für die zentrale Rolle der Medien in unserer Gesellschaft – ein Pfeiler, um den sich unsere Wahrnehmung, Werte und sozialen Dynamiken scharen. Die „Früchte", die er trägt, sind vielschichtig: Von der historischen Entwicklung der Medienmacht über die Manipulation durch Algorithmen bis hin zum Einfluss sozialer Medien auf Jugendliche haben wir die Facetten dieser versteckten Macht beleuchtet. Manche Früchte sind süß – sie fördern Vernetzung, Kreativität und Zugang zu Wissen. Andere sind bitter – sie nähren Oberflächlichkeit, Spaltung und psychischen Druck. Die zentrale Erkenntnis dieses Buches ist, dass diese Ernte nicht zufällig entsteht, sondern das Ergebnis bewusster und unbewusster Entscheidungen von Medienproduzenten, Plattformen und Konsumenten ist.

## Die Macht der Entscheidungen

Die Früchte des Medienmaibaums hängen davon ab, wie wir ihn pflegen. Medienproduzenten entscheiden, ob sie Inhalte schaffen, die informieren und verbinden, oder solche, die manipulieren und spalten. Plattformen wie Meta oder TikTok wählen, ob ihre Algorithmen Empathie und Vielfalt fördern oder Polarisierung und Desinformation verstärken. Konsumenten wiederum tragen Verantwortung, indem sie kritisch konsumieren und Qualität über Sensation priorisieren. Ein Beispiel aus Kapitel 10 zeigt, wie Jugendliche unter dem Druck sozialer Medien leiden, aber auch davon profitieren können, wenn Plattformen und Nutzer verantwortungsvoll handeln. Die Macht der Medien ist nicht unvermeidlich – sie kann gestaltet werden.

## Ein bewusster Umgang als Schlüssel

Ein bewusster Umgang mit Medien ist der Schlüssel, um eine nährende Ernte zu sichern. Kritisches Denken ist unerlässlich: Wir müssen lernen, Framing, Algorithmen und Manipulationstechniken zu erkennen, wie in Kapitel 6 („Die Dornen des Maibaums") beschrieben. Medienkompetenz sollte in Schulen und Familien gefördert werden, um kommende Generationen zu befähigen, die versteckten Mechanismen der Medien zu durchschauen. Ethische Verantwortung, wie in Kapitel 9 betont, muss von Produzenten und Plattformen eingefordert werden – durch Transparenz, Diversität und die Vermeidung schädlicher Inhalte. Nur so können wir sicherstellen, dass der Maibaum Früchte trägt, die die Gesellschaft stärken, statt sie zu belasten.

## Ausblick: Eine gemeinsame Ernte

Die Zukunft der Medien liegt in unserer Hand. Technologische Entwicklungen wie KI-gestützte Inhalte oder immersive Medienformate (z. B. Virtual Reality) werden neue Früchte hervorbringen, deren Geschmack wir heute erst erahnen können. Diese Entwicklungen bergen Chancen – etwa für Bildung und globale Zusammenarbeit – aber auch Risiken, wie verstärkte Manipulation oder Realitätsverlust. Indem wir die Erkenntnisse dieses Buches anwenden, können wir eine gemeinsame Ernte gestalten: eine Medienlandschaft, die Empathie, kritisches Denken und Zusammenhalt fördert. Der Maibaum der Medien kann ein Symbol der Gemeinschaft bleiben – wenn wir ihn mit Bedacht pflegen.

## Die Ernte des Maibaums: Ein Rückblick auf die Früchte des Medienmaibaums

Am Ende dieser Reise steht eine Erkenntnis: Der Medienmaibaum trägt vielfältige Früchte – manche süß und verlockend, andere bitter und trügerisch. Dieses Buch zeigt Ihnen, wie Sie die Ernte kritisch prüfen und die verborgenen Kräfte der Medien entmystifizieren können. Es lädt Sie ein, die Macht der Informationen nicht nur zu erkennen, sondern aktiv zu gestalten. In einer Welt, die von ständiger Reizüberflutung geprägt ist, ist diese Fähigkeit wertvoller denn je. Wer die Wurzeln des Medienmaibaums versteht, hält den Schlüssel zu einer selbstbestimmten Zukunft in der Hand. Lassen Sie sich inspirieren, hinterfragen Sie, was Sie sehen und hören, und entdecken Sie, wie Sie die Früchte der Medien bewusst ernten können.

## Abschluss: Eine Einladung zur Reflexion

Dieses Buch hat die versteckte Macht der Medien aus historischen, psychologischen, ethischen und sozialen Perspektiven analysiert. Jedes Kapitel hat eine Facette der „Früchte" beleuchtet – von der Wahrnehmungsverzerrung über die Prägung von Werten bis hin zu den Auswirkungen auf Jugendliche. Unsere Hoffnung ist, dass diese Reflexion Leserinnen und Leser dazu anregt, die Macht der Medien aktiv zu gestalten. Der Maibaum der Medien wird weiter wachsen – welche Früchte er trägt, liegt an uns allen.

Auflage 2

Autor: Rudolf Praschinger
**Bildrechte & Lizenzen**
Cover Bild: [Rudolf Praschinger ]

www.ingramcontent.com/pod-product-compliance
Lightning Source LLC
La Vergne TN
LVHW052309060326
832902LV00021B/3792